Bryn Mawr Greek Commentaries

Aristotle
Nicomachean Ethics
Book 1

Thomas M. Banchich

Thomas Library
Bryn Mawr College
Bryn Mawr, Pennsylvania

Copyright ©2004 by **Bryn Mawr Commentaries**

Manufactured in the United States of America
ISBN 1-931019-01-0

Bryn Mawr Commentaries
Thomas Library
Bryn Mawr College
101 North Merion Avenue
Bryn Mawr, PA 19010-2899

Series Preface

These lexical and grammatical notes are meant not as a full-scale commentary but as a clear and concise aid to the beginning student. The editors have been told to resist their critical impulses and to say only what will help the student read the text. Our commentaries, then, are the beginning of the interpretive process, not the end.

We expect that the student will know the basic Attic declensions and conjugations, basic grammar (the common functions of cases and moods; the common types of clauses and conditions), and how to use a dictionary. In general we have tried to avoid duplication of material easily extractable from the lexicon, but we have included help with the odd verb forms, and recognizing that endless page-flipping can be counter-productive, we have provided the occasional bonus of assistance with uncommon vocabulary.

These commentaries are based on the Oxford Classical Text unless otherwise noted. Oxford University Press has kindly allowed us to print its edition of the Greek text in cases where we thought it would be particularly beneficial to the student.

(In the present commentary, we have broken the long OCT paragraphs into smaller sections for the benefit of students.)

Production of these commentaries has been made possible by a generous grant from the Division of Education Programs, the National Endowment for the Humanities.

Richard Hamilton
General Editor

Volume Preface

In the study of ethics, as in so many areas of human intellectual activity not highly reliant on modern technologies, Greek and Roman thinkers often more than hold their own. This is particularly true of Aristotle (384-322 B.C.) and especially with respect to his *Nicomachean Ethics* (= *NE*). Indeed, with the rise of what is called "virtue ethics" (MacIntyre 1992, pp. 1276-82), interest in the *NE* for its insights into ethics itself rather than merely for what it tells us of ethical theory and practice in Aristotle's day is perhaps higher than it has been since the era of the Scholastics. At the same time, of course, Aristotle retains his important position in the realm of the history of philosophy, whether the era in question be Antiquity, the Middle Ages, Modernity, or even Post-Modern times. These factors combine to make the *NE* one of the most read of all philosophical texts.

Of course, it is read most often in translation. What may surprise is the rarity with which even students of Greek encounter the *NE* in the original. This is due in part to its genesis, for what we know as the *NE* appears to be Aristotle's lecture notes ("the most brilliant set of lecture notes ever written," MacIntyre 1981, p. 138), perhaps incorporating a series of ongoing additions made by the philosopher himself and, moreover, exhibiting features reasonably attributable to a posthumous editor or editors. This said, that there is uncertainty about the significance of the title *Nicomachean Ethics* itself should come as no surprise. Indeed, it has been variously construed as the result of Aristotle's dedication of the work to the memory of his father or of his son, both named Nicomachus; as the product of the posthumous editorship of the text by the latter Nicomachus; or some combination of the above.

Problematic in this respect, too, are close parallels or verbatim correspondences—all printed beneath the text of the *NE* in Burnet's commentary—between the transmitted text of the *NE* and the other major ethical work of the Aristotelian corpus, the *Eudemian Ethics*. If the *Eudemian Ethics* is actually Aristotle's work, did he incorporate the same material into two sets of his lectures or were portions of the *Eudemian Ethics*, whoever its author and whether it pre- or postdates the *NE*, added to the latter under circumstances about which we can only guess? Furthermore, the text of the *NE* exhibits apparent redundancies, thought by some modern editors to be explanatory glosses interpolated by ancient or medieval copyists into the text. As a result, readers encounter numerous digressions, extended series of illustrative examples (often revelatory of Aristotle's estimation of what would be accessible and interesting to students of the Lyceum), apparent repetition and redundancy, and periodic hasty concluding summaries still typical of the final few minutes before a break in a class or between classes. So the *NE* is not, nor was it meant to be, a literary masterpiece.

What Aristotle obviously meant it to be—and what it largely remains— is a repository of an increasingly fine-tuned exposition of moral philosophy. Among other things, this means that even a reader of the *NE* fairly skilled in Greek regularly encounters familiar words or phrases used in an unfamiliar fashion; and even where the text itself is unproblematic and the lexical meaning of its vocabulary clear, following the argument of the *NE* requires a high level of concentration. All this is especially true of Book I, wherein Aristotle examines such concepts as τέλος, ἔργον, and εὐδαιμονία within the framework of the terminology of Aristotelian categories and sets the foundation not only for the remainder of the *NE* but for a series of investigations culminating in the *Metaphysics*, a work logically if not temporally dependent on it.

While excellent commentaries on the *NE* exist, all assume that their readers possess either a good knowledge of or almost no knowledge of Greek. No commentaries on the *NE*, or, for that matter, on any of Aristotle's works, aim to help beginning or intermediate students of Greek read and understand what he has to say and how he says it. This commentary begins to fill that lacuna by making one of the most important texts of one of history's most important thinkers more accessible to students of Greek. In particular, it is meant to serve philosophers who have come to Greek late in their undergraduate education or even as graduate students. Its scope is limited almost solely to grammar, syntax, and the explanation of specialized Aristotelian usage; it is concerned with Aristotle's philosophical argument only insofar as it affects or is affected by the understanding of his Greek—a matter, of course, hardly inconsequential, for only those able to comprehend the *NE* in Greek are capable of any independent judgment of its philosophical merit.

The commentary is based on Ingram Bywater's *Oxford* text, attention to the critical apparatus of which and whose comparison to the Teubner edition of Franz Susemihl and Otto Apelt will repay students keen on appreciating the textual difficulties inherent in dealing with the Aristotelian corpus. The numbering system employs the standard modern practice of reference to the pagination of Immanuel Bekker's edition, to the column (either "a" or "b") on each of Bekker's pages, and its line number or numbers. So the *NE* begins on Bekker's page 1094, column a, line 1. Notes on phrases which extend over more than a single line normally appear under the line number of their initial word. Behind many of the commentary's glosses lies Hermann Bonitz's justly famous *Index Aristotelicus*, invaluable for gauging the lexical range of any word in the Aristotelian vocabulary.

Of those Greek students at Canisius College whose comments improved earlier versions of the commentary, David Bard, Mark Collins, Max Latona, Stephen Molvarec, Martha Rieth, and Paul Stukowski merit individual mention; Matt Gracie of Canisius solved several thorny computer problems which threatened to delay the project in its last stage; Mahesh Ananth, Carrie-Ann Kahn, and Pamela Phillips, then graduate students at Bowling Green State University, shared their analysis of Aristotle's so-called "Function Argument." I owe a special debt of gratitude to Fred D. Miller, Jr., Director of the Social Philosophy and Policy Center at Bowling Green, who introduced me to the formal study of Aristotle and provided encouragement and insights along the way, and to Rick Hamilton for his support of my suggestion that Book I of the *NE* deserved a place in the Bryn Mawr Commentaries series and for his constructive criticisms of the commentary as it took shape.

Thomas M. Banchich
Canisius College
Buffalo, New York
March 2004

Abbreviations

D = J. D. Denniston. *Greek Particles*. Second edition. Oxford, 1954.

LSJ = *A Greek-English Lexicon*. Edited by H. Liddell and R. Scott. 9th edition. Oxford, 1968.

OCD^3 = *The Oxford Classical Dictionary*. Edited by Simon Hornblower and Antony Spawforth. Third edition. Oxford, 1996.

S = H. W. Smyth. *Greek Grammar*. Revised by G. Messing. Cambridge, MA, 1956.

< from the following.

Bibliography

Jonathan Barnes, ed. *The Cambridge Companion to Aristotle*. Cambridge: Cambridge University Press, 1995.

Immanuel Bekker, ed. *Aristotelis Opera*. 2 vols. Reprint of 1831 edition. Berlin: de Gruyter, 1960.

Hermann Bonitz. *Index Aristotelicus*. Reprint of the 1870 edition. Graz: Akademische Druck- U. Verlagsanstalt, 1955.

John Burnet. *The Ethics of Aristotle*. Reprint of 1900 edition. New York: Arno Press, 1973.

Ingram Bywater, ed. *Ethica Nicomachea*. Oxford: Oxford University Press, 1894.

Alexander Grant, *The Ethics of Aristotle*. 2 vols. Reprint of 1885 edition. New York: Arno Press, 1973.

W. K. C. Guthrie. *Aristotle. An Encounter*. Vol. VI of *A History of Greek Philosophy*. Cambridge: Cambridge University Press, 1981.

Gerard J. Hughes. *Aristotle on Ethics*. London and New York: Routledge, 2001.

Alasdair MacIntyre. *After Virtue*. Notre Dame, Indiana: Notre Dame University Press, 1981.

____. "Virtue Ethics." *Encyclopedia of Ethics*. Edited by Lawrence C. and Charlotte B. Becker. 2 vols. New York and London: Garland Publishing, Inc., 1992.

John A. Stewart. *Notes on the Nicomachean Ethics of Aristotle*. Reprint of 1892 edition. New York: Arno Press, 1973.

Franz Susemihl and Otto Apelt, edd. *Ethica Nicomachea*. Third edition. Leipzig: B. G. Teubner, 1912.

ΗΘΙΚΩΝ ΝΙΚΟΜΑΧΕΙΩΝ

Α.

πᾶσα τέχνη καὶ πᾶσα μέθοδος, ὁμοίως δὲ πρᾶξίς τε καὶ προαίρεσις, ἀγαθοῦ τινὸς ἐφίεσθαι δοκεῖ· διὸ καλῶς ἀπεφήναντο τἀγαθόν, οὗ πάντ' ἐφίεται. διαφορὰ δέ τις φαίνεται τῶν τελῶν· τὰ μὲν γάρ εἰσιν ἐνέργειαι, τὰ δὲ παρ' αὐτὰς ἔργα τινά. ὧν δ' εἰσὶ τέλη τινὰ παρὰ τὰς πράξεις, ἐν τούτοις βελτίω πέφυκε τῶν ἐνεργειῶν τὰ ἔργα. πολλῶν δὲ πράξεων οὐσῶν καὶ τεχνῶν καὶ ἐπιστημῶν πολλὰ γίνεται καὶ τὰ τέλη· ἰατρικῆς μὲν γὰρ ὑγίεια, ναυπηγικῆς δὲ πλοῖον, στρατηγικῆς δὲ νίκη, οἰκονομικῆς δὲ πλοῦτος. ὅσαι δ' εἰσὶ τῶν τοιούτων ὑπὸ μίαν τινὰ δύναμιν, καθάπερ ὑπὸ τὴν ἱππικὴν χαλινοποιικὴ καὶ ὅσαι ἄλλαι τῶν ἱππικῶν ὀργάνων εἰσίν, αὕτη δὲ καὶ πᾶσα πολεμικὴ πρᾶξις ὑπὸ τὴν στρατηγικήν, κατὰ τὸν αὐτὸν δὴ τρόπον ἄλλαι ὑφ' ἑτέρας· ἐν ἁπάσαις δὲ τὰ τῶν ἀρχιτεκτονικῶν τέλη πάντων ἐστὶν αἱρετώτερα τῶν ὑπ' αὐτά· τούτων γὰρ χάριν κἀκεῖνα διώκεται. διαφέρει δ' οὐδὲν τὰς ἐνεργείας αὐτὰς εἶναι τὰ τέλη τῶν πράξεων ἢ παρὰ ταύτας ἄλλο τι, καθάπερ ἐπὶ τῶν λεχθεισῶν ἐπιστημῶν.

εἰ δή τι τέλος ἐστὶ τῶν πρακτῶν ὃ δι' αὐτὸ βουλόμεθα, τἆλλα δὲ διὰ τοῦτο, καὶ μὴ πάντα δι' ἕτερον αἱρούμεθα (πρόεισι γὰρ οὕτω γ' εἰς ἄπειρον, ὥστ' εἶναι κενὴν καὶ ματαίαν τὴν ὄρεξιν), δῆλον ὡς τοῦτ' ἂν εἴη τἀγαθὸν καὶ τὸ ἄριστον. ἆρ' οὖν καὶ πρὸς τὸν βίον ἡ γνῶσις αὐτοῦ μεγάλην ἔχει ῥοπήν, καὶ καθάπερ τοξόται σκοπὸν ἔχοντες μᾶλλον ἂν τυγχάνοιμεν τοῦ δέοντος; εἰ δ' οὕτω, πειρατέον τύπῳ γε περιλαβεῖν αὐτὸ τί ποτ' ἐστὶ καὶ τίνος τῶν ἐπιστημῶν ἢ δυνάμεων.

δόξειε δ' ἂν τῆς κυριωτάτης καὶ μάλιστα ἀρχιτεκτονικῆς. τοιαύτη δ' ἡ πολιτικὴ φαίνεται· τίνας γὰρ εἶναι χρεὼν τῶν ἐπιστημῶν ἐν ταῖς πόλεσι, καὶ ποίας ἑκάστους μανθάνειν καὶ μέχρι τίνος, αὕτη διατάσσει· ὁρῶμεν δὲ καὶ τὰς ἐντιμοτάτας τῶν δυνάμεων ὑπὸ ταύτην οὔσας, οἷον στρατηγικὴν οἰκονομικὴν ῥητορικήν· χρωμένης δὲ ταύτης ταῖς λοιπαῖς [πρακτικαῖς] τῶν ἐπιστημῶν, ἔτι δὲ νομοθετούσης τί δεῖ πράττειν καὶ τίνων ἀπέχεσθαι, τὸ ταύτης τέλος περιέχοι ἂν τὰ τῶν ἄλλων, ὥστε τοῦτ' ἂν εἴη τἀνθρώπινον ἀγαθόν. εἰ γὰρ καὶ ταὐτόν ἐστιν ἑνὶ καὶ πόλει, μεῖζόν γε καὶ τελειότερον τὸ τῆς πόλεως φαίνεται καὶ λαβεῖν καὶ σῴζειν· ἀγαπητὸν μὲν γὰρ καὶ ἑνὶ μόνῳ, κάλλιον δὲ καὶ θειότερον ἔθνει καὶ πόλεσιν. ἡ μὲν οὖν μέθοδος τούτων ἐφίεται, πολιτική τις οὖσα.

λέγοιτο δ' ἂν ἱκανῶς, εἰ κατὰ τὴν ὑποκειμένην ὕλην διασαφηθείη· τὸ γὰρ ἀκριβὲς οὐχ ὁμοίως ἐν ἅπασι τοῖς λόγοις ἐπιζητητέον, ὥσπερ οὐδ' ἐν τοῖς δημιουργουμένοις. τὰ δὲ καλὰ καὶ τὰ δίκαια, περὶ ὧν ἡ πολιτικὴ σκοπεῖται, πολλὴν ἔχει διαφορὰν καὶ πλάνην, ὥστε δοκεῖν νόμῳ μόνον εἶναι, φύσει δὲ μή. τοιαύτην δέ τινα πλάνην ἔχει καὶ τἀγαθὰ διὰ τὸ πολλοῖς συμ-

βαίνειν βλάβας ἀπ' αὐτῶν· ἤδη γάρ τινες ἀπώλοντο διὰ
πλοῦτον, ἕτεροι δὲ δι' ἀνδρείαν. ἀγαπητὸν οὖν περὶ τοιούτων
καὶ ἐκ τοιούτων λέγοντας παχυλῶς καὶ τύπῳ τἀληθὲς ἐν-
δείκνυσθαι, καὶ περὶ τῶν ὡς ἐπὶ τὸ πολὺ καὶ ἐκ τοιούτων
λέγοντας τοιαῦτα καὶ συμπεραίνεσθαι. τὸν αὐτὸν δὴ τρόπον
καὶ ἀποδέχεσθαι χρεὼν ἕκαστα τῶν λεγομένων· πεπαιδευ-
μένου γάρ ἐστιν ἐπὶ τοσοῦτον τἀκριβὲς ἐπιζητεῖν καθ' ἕκαστον
γένος, ἐφ' ὅσον ἡ τοῦ πράγματος φύσις ἐπιδέχεται· παρα-
πλήσιον γὰρ φαίνεται μαθηματικοῦ τε πιθανολογοῦντος ἀπο-
δέχεσθαι καὶ ῥητορικὸν ἀποδείξεις ἀπαιτεῖν.
                                    ἕκαστος δὲ κρί-
νει καλῶς ἃ γινώσκει, καὶ τούτων ἐστὶν ἀγαθὸς κριτής. καθ'
ἕκαστον μὲν ἄρα ὁ πεπαιδευμένος, ἁπλῶς δ' ὁ περὶ πᾶν πεπαι-
δευμένος. διὸ τῆς πολιτικῆς οὐκ ἔστιν οἰκεῖος ἀκροατὴς ὁ
νέος· ἄπειρος γὰρ τῶν κατὰ τὸν βίον πράξεων, οἱ λόγοι δ' ἐκ
τούτων καὶ περὶ τούτων· ἔτι δὲ τοῖς πάθεσιν ἀκολουθητικὸς ὢν
ματαίως ἀκούσεται καὶ ἀνωφελῶς, ἐπειδὴ τὸ τέλος ἐστὶν οὐ
γνῶσις ἀλλὰ πρᾶξις. διαφέρει δ' οὐδὲν νέος τὴν ἡλικίαν ἢ
τὸ ἦθος νεαρός· οὐ γὰρ παρὰ τὸν χρόνον ἡ ἔλλειψις, ἀλλὰ
διὰ τὸ κατὰ πάθος ζῆν καὶ διώκειν ἕκαστα. τοῖς γὰρ τοιού-
τοις ἀνόνητος ἡ γνῶσις γίνεται, καθάπερ τοῖς ἀκρατέσιν·
τοῖς δὲ κατὰ λόγον τὰς ὀρέξεις ποιουμένοις καὶ πράττουσι
πολυωφελὲς ἂν εἴη τὸ περὶ τούτων εἰδέναι. καὶ περὶ μὲν
ἀκροατοῦ, καὶ πῶς ἀποδεκτέον, καὶ τί προτιθέμεθα, πεφροι-
μιάσθω ταῦτα.

   λέγωμεν δ' ἀναλαβόντες, ἐπειδὴ πᾶσα γνῶσις καὶ προ-
αίρεσις ἀγαθοῦ τινὸς ὀρέγεται, τί ἐστὶν οὗ λέγομεν τὴν

πολιτικὴν ἐφίεσθαι καὶ τί τὸ πάντων ἀκρότατον τῶν πρακτῶν ἀγαθῶν. ὀνόματι μὲν οὖν σχεδὸν ὑπὸ τῶν πλείστων ὁμολογεῖται· τὴν γὰρ εὐδαιμονίαν καὶ οἱ πολλοὶ καὶ οἱ χαρίεντες λέγουσιν, τὸ δ' εὖ ζῆν καὶ τὸ εὖ πράττειν ταὐτὸν ὑπο-

20 λαμβάνουσι τῷ εὐδαιμονεῖν· περὶ δὲ τῆς εὐδαιμονίας, τί ἐστιν, ἀμφισβητοῦσι καὶ οὐχ ὁμοίως οἱ πολλοὶ τοῖς σοφοῖς ἀποδιδόασιν. οἳ μὲν γὰρ τῶν ἐναργῶν τι καὶ φανερῶν, οἷον ἡδονὴν ἢ πλοῦτον ἢ τιμήν, ἄλλοι δ' ἄλλο—πολλάκις δὲ καὶ ὁ αὐτὸς ἕτερον· νοσήσας μὲν γὰρ ὑγίειαν, πενόμενος δὲ

25 πλοῦτον· συνειδότες δ' ἑαυτοῖς ἄγνοιαν τοὺς μέγα τι καὶ ὑπὲρ αὐτοὺς λέγοντας θαυμάζουσιν. ἔνιοι δ' ᾤοντο παρὰ τὰ πολλὰ ταῦτα ἀγαθὰ ἄλλο τι καθ' αὑτὸ εἶναι, ὃ καὶ τούτοις πᾶσιν αἴτιόν ἐστι τοῦ εἶναι ἀγαθά. ἁπάσας μὲν οὖν ἐξετάζειν τὰς δόξας ματαιότερον ἴσως ἐστίν, ἱκανὸν δὲ τὰς μάλιστα

30 ἐπιπολαζούσας ἢ δοκούσας ἔχειν τινὰ λόγον.

μὴ λανθανέτω δ' ἡμᾶς ὅτι διαφέρουσιν οἱ ἀπὸ τῶν ἀρχῶν λόγοι καὶ οἱ ἐπὶ τὰς ἀρχάς. εὖ γὰρ καὶ ὁ Πλάτων ἠπόρει τοῦτο καὶ ἐζήτει, πότερον ἀπὸ τῶν ἀρχῶν ἢ ἐπὶ τὰς ἀρχάς ἐστιν ἡ ὁδός, ὥσπερ

1095b ἐν τῷ σταδίῳ ἀπὸ τῶν ἀθλοθετῶν ἐπὶ τὸ πέρας ἢ ἀνάπαλιν. ἀρκτέον μὲν γὰρ ἀπὸ τῶν γνωρίμων, ταῦτα δὲ διττῶς· τὰ μὲν γὰρ ἡμῖν τὰ δ' ἁπλῶς. ἴσως οὖν ἡμῖν γε ἀρκτέον ἀπὸ τῶν ἡμῖν γνωρίμων. διὸ δεῖ τοῖς ἔθεσιν ἦχθαι καλῶς τὸν

5 περὶ καλῶν καὶ δικαίων καὶ ὅλως τῶν πολιτικῶν ἀκουσόμενον ἱκανῶς. ἀρχὴ γὰρ τὸ ὅτι, καὶ εἰ τοῦτο φαίνοιτο ἀρκούντως, οὐδὲν προσδεήσει τοῦ διότι· ὁ δὲ τοιοῦτος ἔχει ἢ λάβοι ἂν ἀρχὰς ῥᾳδίως. ᾧ δὲ μηδέτερον ὑπάρχει τούτων, ἀκουσάτω τῶν Ἡσιόδου·

οὗτος μὲν πανάριστος ὃς αὐτὸς πάντα νοήσῃ,
ἐσθλὸς δ' αὖ κἀκεῖνος ὃς εὖ εἰπόντι πίθηται.
ὃς δέ κε μήτ' αὐτὸς νοέῃ μήτ' ἄλλου ἀκούων
ἐν θυμῷ βάλληται, ὃ δ' αὖτ' ἀχρήιος ἀνήρ.

ἡμεῖς δὲ λέγωμεν ὅθεν παρεξέβημεν. τὸ γὰρ ἀγαθὸν καὶ τὴν εὐδαιμονίαν οὐκ ἀλόγως ἐοίκασιν ἐκ τῶν βίων ὑπολαμβάνειν οἱ μὲν πολλοὶ καὶ φορτικώτατοι τὴν ἡδονήν· διὸ καὶ τὸν βίον ἀγαπῶσι τὸν ἀπολαυστικόν. τρεῖς γάρ εἰσι μάλιστα οἱ προύχοντες, ὅ τε νῦν εἰρημένος καὶ ὁ πολιτικὸς καὶ τρίτος ὁ θεωρητικός.

οἱ μὲν οὖν πολλοὶ παντελῶς ἀνδραποδώδεις φαίνονται βοσκημάτων βίον προαιρούμενοι, τυγχάνουσι δὲ λόγου διὰ τὸ πολλοὺς τῶν ἐν ταῖς ἐξουσίαις ὁμοιοπαθεῖν Σαρδαναπάλλῳ.

οἱ δὲ χαρίεντες καὶ πρακτικοὶ τιμήν· τοῦ γὰρ πολιτικοῦ βίου σχεδὸν τοῦτο τέλος. φαίνεται δ' ἐπιπολαιότερον εἶναι τοῦ ζητουμένου· δοκεῖ γὰρ ἐν τοῖς τιμῶσι μᾶλλον εἶναι ἢ ἐν τῷ τιμωμένῳ, τἀγαθὸν δὲ οἰκεῖόν τι καὶ δυσαφαίρετον εἶναι μαντευόμεθα. ἔτι δ' ἐοίκασι τὴν τιμὴν διώκειν ἵνα πιστεύσωσιν ἑαυτοὺς ἀγαθοὺς εἶναι· ζητοῦσι γοῦν ὑπὸ τῶν φρονίμων τιμᾶσθαι, καὶ παρ' οἷς γινώσκονται, καὶ ἐπ' ἀρετῇ· δῆλον οὖν ὅτι κατά γε τούτους ἡ ἀρετὴ κρείττων. τάχα δὲ καὶ μᾶλλον ἄν τις τέλος τοῦ πολιτικοῦ βίου ταύτην ὑπολάβοι. φαίνεται δὲ ἀτελεστέρα καὶ αὕτη· δοκεῖ γὰρ ἐνδέχεσθαι καὶ καθεύδειν ἔχοντα τὴν ἀρετὴν ἢ ἀπρακτεῖν διὰ βίου, καὶ πρὸς τούτοις κακοπαθεῖν καὶ ἀτυχεῖν τὰ μέγιστα· τὸν δ' οὕτω ζῶντα οὐδεὶς ἂν εὐδαιμονίσειεν, εἰ μὴ θέσιν διαφυλάττων. καὶ περὶ μὲν τούτων ἅλις· ἱκανῶς γὰρ καὶ ἐν τοῖς ἐγκυκλίοις εἴρηται περὶ αὐτῶν.

τρίτος δ' ἐστὶν ὁ θεωρητικός, ὑπὲρ οὗ τὴν ἐπίσκεψιν ἐν τοῖς ἑπομένοις ποιησόμεθα.

ὁ δὲ χρηματιστὴς βίαιός τις ἐστίν, καὶ ὁ πλοῦτος δῆλον ὅτι οὐ τὸ ζητούμενον ἀγαθόν· χρήσιμον γὰρ καὶ ἄλλου χάριν. διὸ μᾶλλον τὰ πρότερον λεχθέντα τέλη τις ἂν ὑπολάβοι· δι' αὐτὰ γὰρ ἀγαπᾶται. φαίνεται δ' οὐδ' ἐκεῖνα· καίτοι πολλοὶ λόγοι πρὸς αὐτὰ καταβέβληνται. ταῦτα μὲν οὖν ἀφείσθω.

τὸ δὲ καθόλου βέλτιον ἴσως ἐπισκέψασθαι καὶ διαπορῆσαι πῶς λέγεται, καίπερ προσάντους τῆς τοιαύτης ζητήσεως γινομένης διὰ τὸ φίλους ἄνδρας εἰσαγαγεῖν τὰ εἴδη. δόξειε δ' ἂν ἴσως βέλτιον εἶναι καὶ δεῖν ἐπὶ σωτηρίᾳ γε τῆς ἀληθείας καὶ τὰ οἰκεῖα ἀναιρεῖν, ἄλλως τε καὶ φιλοσόφους ὄντας· ἀμφοῖν γὰρ ὄντοιν φίλοιν ὅσιον προτιμᾶν τὴν ἀλήθειαν.

οἱ δὴ κομίσαντες τὴν δόξαν ταύτην οὐκ ἐποίουν ἰδέας ἐν οἷς τὸ πρότερον καὶ ὕστερον ἔλεγον, διόπερ οὐδὲ τῶν ἀριθμῶν ἰδέαν κατεσκεύαζον· τὸ δ' ἀγαθὸν λέγεται καὶ ἐν τῷ τί ἐστι καὶ ἐν τῷ ποιῷ καὶ ἐν τῷ πρός τι, τὸ δὲ καθ' αὑτὸ καὶ ἡ οὐσία πρότερον τῇ φύσει τοῦ πρός τι (παραφυάδι γὰρ τοῦτ' ἔοικε καὶ συμβεβηκότι τοῦ ὄντος)· ὥστ' οὐκ ἂν εἴη κοινή τις ἐπὶ τούτοις ἰδέα.

ἔτι δ' ἐπεὶ τἀγαθὸν ἰσαχῶς λέγεται τῷ ὄντι (καὶ γὰρ ἐν τῷ τί λέγεται, οἷον ὁ θεὸς καὶ ὁ νοῦς, καὶ ἐν τῷ ποιῷ αἱ ἀρεταί, καὶ ἐν τῷ ποσῷ τὸ μέτριον, καὶ ἐν τῷ πρός τι τὸ χρήσιμον, καὶ ἐν χρόνῳ καιρός, καὶ ἐν τόπῳ δίαιτα καὶ ἕτερα τοιαῦτα), δῆλον ὡς οὐκ ἂν εἴη κοινόν τι καθόλου καὶ ἕν· οὐ γὰρ ἂν ἐλέγετ' ἐν πάσαις ταῖς κατηγορίαις, ἀλλ' ἐν μιᾷ μόνῃ.

ἔτι δ' ἐπεὶ τῶν κατὰ μίαν ἰδέαν μία καὶ ἐπιστήμη, καὶ τῶν ἀγαθῶν ἁπάντων ἦν ἂν μία τις ἐπιστήμη· νῦν δ' εἰσὶ πολλαὶ καὶ τῶν ὑπὸ μίαν κατηγορίαν, οἷον καιροῦ, ἐν πολέμῳ μὲν γὰρ στρατηγικὴ ἐν νόσῳ δ' ἰατρική, καὶ τοῦ μετρίου ἐν τροφῇ μὲν ἰατρικὴ ἐν πόνοις δὲ γυμναστική.

ἀπορήσειε δ' ἄν τις τί ποτε καὶ βούλονται λέγειν αὐτοέκαστον, εἴπερ ἔν τε αὐτοανθρώπῳ καὶ ἐν ἀνθρώπῳ εἷς καὶ ὁ αὐτὸς λόγος ἐστὶν ὁ τοῦ ἀνθρώπου. ᾗ γὰρ ἄνθρωπος, οὐδὲν διοίσουσιν· εἰ δ' οὕτως, οὐδ' ᾗ ἀγαθόν. ἀλλὰ μὴν οὐδὲ τῷ ἀίδιον εἶναι μᾶλλον ἀγαθὸν ἔσται, εἴπερ μηδὲ λευκότερον τὸ πολυχρόνιον τοῦ ἐφημέρου.

πιθανώτερον δ' ἐοίκασιν οἱ Πυθαγόρειοι λέγειν περὶ αὐτοῦ, τιθέντες ἐν τῇ τῶν ἀγαθῶν συστοιχίᾳ τὸ ἕν· οἷς δὴ καὶ Σπεύσιππος ἐπακολουθῆσαι δοκεῖ. ἀλλὰ περὶ μὲν τούτων ἄλλος ἔστω λόγος·

τοῖς δὲ λεχθεῖσιν ἀμφισβήτησίς τις ὑποφαίνεται διὰ τὸ μὴ περὶ παντὸς ἀγαθοῦ τοὺς λόγους εἰρῆσθαι, λέγεσθαι δὲ καθ' ἓν εἶδος τὰ καθ' αὑτὰ διωκόμενα καὶ ἀγαπώμενα, τὰ δὲ ποιητικὰ τούτων ἢ φυλακτικά πως ἢ τῶν ἐναντίων κωλυτικὰ διὰ ταῦτα λέγεσθαι καὶ τρόπον ἄλλον. δῆλον οὖν ὅτι διττῶς λέγοιτ' ἂν τἀγαθά, καὶ τὰ μὲν καθ' αὑτά, θάτερα δὲ διὰ ταῦτα. χωρίσαντες οὖν ἀπὸ τῶν ὠφελίμων τὰ καθ' αὑτὰ σκεψώμεθα εἰ λέγεται κατὰ μίαν ἰδέαν.

καθ' αὑτὰ δὲ ποῖα θείη τις ἄν; ἢ ὅσα καὶ μονούμενα διώκεται, οἷον τὸ φρονεῖν καὶ ὁρᾶν καὶ ἡδοναί τινες καὶ τιμαί; ταῦτα γὰρ εἰ καὶ δι' ἄλλο τι διώκομεν, ὅμως τῶν καθ' αὑτὰ ἀγαθῶν θείη τις ἄν. ἢ οὐδ' ἄλλο οὐδὲν πλὴν τῆς ἰδέας; ὥστε μάταιον ἔσται τὸ εἶδος. εἰ δὲ καὶ ταῦτ' ἐστὶ τῶν καθ' αὑτά, τὸν τἀγαθοῦ λόγον ἐν ἅπασιν αὐτοῖς τὸν αὐτὸν ἐμφαίνεσθαι δεήσει, καθάπερ ἐν χιόνι καὶ ψιμυθίῳ τὸν τῆς λευκότητος. τιμῆς δὲ καὶ φρονήσεως καὶ ἡδονῆς ἕτεροι καὶ διαφέροντες οἱ λόγοι ταύτῃ ᾗ ἀγαθά. οὐκ ἔστιν ἄρα τὸ ἀγαθὸν κοινόν τι κατὰ μίαν ἰδέαν.

ἀλλὰ πῶς δὴ λέγεται; οὐ γὰρ ἔοικε τοῖς γε ἀπὸ τύχης ὁμωνύμοις. ἀλλ' ἆρά γε τῷ ἀφ' ἑνὸς εἶναι ἢ πρὸς ἓν ἅπαντα συντελεῖν, ἢ μᾶλλον κατ' ἀναλογίαν; ὡς γὰρ ἐν σώματι ὄψις, ἐν ψυχῇ νοῦς, καὶ ἄλλο δὴ ἐν ἄλλῳ.

ἀλλ' ἴσως ταῦτα μὲν ἀφετέον τὸ νῦν· ἐξακριβοῦν γὰρ ὑπὲρ αὐτῶν ἄλλης ἂν εἴη φιλοσοφίας οἰκειότερον. ὁμοίως δὲ καὶ περὶ τῆς ἰδέας· εἰ γὰρ καὶ ἔστιν ἕν τι τὸ κοινῇ κατηγορούμενον ἀγαθὸν ἢ χωριστὸν αὐτό τι καθ' αὑτό, δῆλον ὡς οὐκ ἂν εἴη πρακτὸν οὐδὲ κτητὸν ἀνθρώπῳ· νῦν δὲ τοιοῦτόν τι ζητεῖται.

τάχα δέ τῳ δόξειεν ἂν βέλτιον εἶναι γνωρίζειν αὐτὸ πρὸς τὰ κτητὰ καὶ πρακτὰ τῶν ἀγαθῶν· οἷον γὰρ παράδειγμα τοῦτ' ἔχοντες μᾶλλον εἰσόμεθα καὶ τὰ ἡμῖν

ἀγαθά, κἂν εἰδῶμεν, ἐπιτευξόμεθα αὐτῶν. πιθανότητα μὲν
οὖν τινα ἔχει ὁ λόγος, ἔοικε δὲ ταῖς ἐπιστήμαις διαφωνεῖν·
πᾶσαι γὰρ ἀγαθοῦ τινὸς ἐφιέμεναι καὶ τὸ ἐνδεὲς ἐπιζητοῦ-
σαι παραλείπουσι τὴν γνῶσιν αὐτοῦ. καίτοι βοήθημα τηλι-
κοῦτον τοὺς τεχνίτας ἅπαντας ἀγνοεῖν καὶ μηδ' ἐπιζητεῖν
οὐκ εὔλογον. ἄπορον δὲ καὶ τί ὠφεληθήσεται ὑφάντης ἢ
τέκτων πρὸς τὴν αὐτοῦ τέχνην εἰδὼς τὸ αὐτὸ τοῦτο ἀγαθόν,
ἢ πῶς ἰατρικώτερος ἢ στρατηγικώτερος ἔσται ὁ τὴν ἰδέαν
αὐτὴν τεθεαμένος. φαίνεται μὲν γὰρ οὐδὲ τὴν ὑγίειαν
οὕτως ἐπισκοπεῖν ὁ ἰατρός, ἀλλὰ τὴν ἀνθρώπου, μᾶλλον δ'
ἴσως τὴν τοῦδε· καθ' ἕκαστον γὰρ ἰατρεύει. καὶ περὶ μὲν
τούτων ἐπὶ τοσοῦτον εἰρήσθω.

πάλιν δ' ἐπανέλθωμεν ἐπὶ τὸ ζητούμενον ἀγαθόν, τί
ποτ' ἂν εἴη. φαίνεται μὲν γὰρ ἄλλο ἐν ἄλλῃ πράξει καὶ
τέχνῃ· ἄλλο γὰρ ἐν ἰατρικῇ καὶ στρατηγικῇ καὶ ταῖς λοιπαῖς
ὁμοίως. τί οὖν ἑκάστης τἀγαθόν; ἢ οὗ χάριν τὰ λοιπὰ
πράττεται; τοῦτο δ' ἐν ἰατρικῇ μὲν ὑγίεια, ἐν στρατηγικῇ
δὲ νίκη, ἐν οἰκοδομικῇ δ' οἰκία, ἐν ἄλλῳ δ' ἄλλο, ἐν
ἁπάσῃ δὲ πράξει καὶ προαιρέσει τὸ τέλος· τούτου γὰρ ἕνεκα
τὰ λοιπὰ πράττουσι πάντες. ὥστ' εἴ τι τῶν πρακτῶν ἁπάν-
των ἐστὶ τέλος, τοῦτ' ἂν εἴη τὸ πρακτὸν ἀγαθόν, εἰ δὲ πλείω,
ταῦτα.

μεταβαίνων δὴ ὁ λόγος εἰς ταὐτὸν ἀφῖκται· τοῦτο
δ' ἔτι μᾶλλον διασαφῆσαι πειρατέον. ἐπεὶ δὲ πλείω φαί-
νεται τὰ τέλη, τούτων δ' αἱρούμεθά τινα δι' ἕτερον, οἷον
πλοῦτον αὐλοὺς καὶ ὅλως τὰ ὄργανα, δῆλον ὡς οὐκ ἔστι
πάντα τέλεια· τὸ δ' ἄριστον τέλειόν τι φαίνεται. ὥστ' εἰ

μέν ἐστιν ἕν τι μόνον τέλειον, τοῦτ' ἂν εἴη τὸ ζητούμενον,
εἰ δὲ πλείω, τὸ τελειότατον τούτων. τελειότερον δὲ λέγομεν
τὸ καθ' αὑτὸ διωκτὸν τοῦ δι' ἕτερον καὶ τὸ μηδέποτε
δι' ἄλλο αἱρετὸν τῶν <καὶ> καθ' αὑτὰ καὶ δι' αὑτὸ αἱρετῶν,
καὶ ἁπλῶς δὴ τέλειον τὸ καθ' αὑτὸ αἱρετὸν ἀεὶ καὶ μηδέποτε
δι' ἄλλο. τοιοῦτον δ' ἡ εὐδαιμονία μάλιστ' εἶναι δοκεῖ·
ταύτην γὰρ αἱρούμεθα ἀεὶ δι' αὐτὴν καὶ οὐδέποτε δι' ἄλλο,
τιμὴν δὲ καὶ ἡδονὴν καὶ νοῦν καὶ πᾶσαν ἀρετὴν αἱρούμεθα
μὲν καὶ δι' αὑτά (μηθενὸς γὰρ ἀποβαίνοντος ἑλοίμεθ' ἂν
ἕκαστον αὐτῶν), αἱρούμεθα δὲ καὶ τῆς εὐδαιμονίας χάριν,
διὰ τούτων ὑπολαμβάνοντες εὐδαιμονήσειν. τὴν δ' εὐδαιμονίαν
οὐδεὶς αἱρεῖται τούτων χάριν, οὐδ' ὅλως δι' ἄλλο.

φαίνεται
δὲ καὶ ἐκ τῆς αὐταρκείας τὸ αὐτὸ συμβαίνειν· τὸ γὰρ
τέλειον ἀγαθὸν αὔταρκες εἶναι δοκεῖ. τὸ δ' αὔταρκες λέγομεν
οὐκ αὐτῷ μόνῳ, τῷ ζῶντι βίον μονώτην, ἀλλὰ καὶ γονεῦσι
καὶ τέκνοις καὶ γυναικὶ καὶ ὅλως τοῖς φίλοις καὶ πολίταις,
ἐπειδὴ φύσει πολιτικὸν ὁ ἄνθρωπος. τούτων δὲ ληπτέος
ὅρος τις· ἐπεκτείνοντι γὰρ ἐπὶ τοὺς γονεῖς καὶ τοὺς ἀπογόνους
καὶ τῶν φίλων τοὺς φίλους εἰς ἄπειρον πρόεισιν. ἀλλὰ τοῦτο
μὲν εἰσαῦθις ἐπισκεπτέον· τὸ δ' αὔταρκες τίθεμεν ὃ μονούμενον
αἱρετὸν ποιεῖ τὸν βίον καὶ μηδενὸς ἐνδεᾶ· τοιοῦτον δὲ
τὴν εὐδαιμονίαν οἰόμεθα εἶναι· ἔτι δὲ πάντων αἱρετωτάτην
μὴ συναριθμουμένην—συναριθμουμένην δὲ δῆλον ὡς αἱρετωτέραν
μετὰ τοῦ ἐλαχίστου τῶν ἀγαθῶν· ὑπεροχὴ γὰρ ἀγαθῶν
γίνεται τὸ προστιθέμενον, ἀγαθῶν δὲ τὸ μεῖζον αἱρετώτερον
ἀεί. τέλειον δή τι φαίνεται καὶ αὔταρκες ἡ εὐδαιμονία,
τῶν πρακτῶν οὖσα τέλος.

ἀλλ' ἴσως τὴν μὲν εὐδαιμονίαν τὸ ἄριστον λέγειν ὁμολογούμενόν τι φαίνεται, ποθεῖται δ' ἐναργέστερον τί ἐστιν ἔτι λεχθῆναι. τάχα δὴ γένοιτ' ἂν τοῦτ', εἰ ληφθείη τὸ ἔργον
25 τοῦ ἀνθρώπου. ὥσπερ γὰρ αὐλητῇ καὶ ἀγαλματοποιῷ καὶ παντὶ τεχνίτῃ, καὶ ὅλως ὧν ἔστιν ἔργον τι καὶ πρᾶξις, ἐν τῷ ἔργῳ δοκεῖ τἀγαθὸν εἶναι καὶ τὸ εὖ, οὕτω δόξειεν ἂν καὶ ἀνθρώπῳ, εἴπερ ἔστι τι ἔργον αὐτοῦ. πότερον οὖν τέκτονος μὲν καὶ σκυτέως ἔστιν ἔργα τινὰ καὶ πράξεις, ἀνθρώπου δ'
30 οὐδέν ἐστιν, ἀλλ' ἀργὸν πέφυκεν; ἢ καθάπερ ὀφθαλμοῦ καὶ χειρὸς καὶ ποδὸς καὶ ὅλως ἑκάστου τῶν μορίων φαίνεταί τι ἔργον, οὕτω καὶ ἀνθρώπου παρὰ πάντα ταῦτα θείη τις ἂν ἔργον τι; τί οὖν δὴ τοῦτ' ἂν εἴη ποτέ; τὸ μὲν γὰρ ζῆν κοινὸν εἶναι φαίνεται καὶ τοῖς φυτοῖς, ζητεῖται δὲ τὸ ἴδιον. ἀφορι-
1098a στέον ἄρα τήν τε θρεπτικὴν καὶ τὴν αὐξητικὴν ζωήν. ἑπομένη δὲ αἰσθητική τις ἂν εἴη, φαίνεται δὲ καὶ αὐτὴ κοινὴ καὶ ἵππῳ καὶ βοῒ καὶ παντὶ ζῴῳ. λείπεται δὴ πρακτική τις τοῦ λόγον ἔχοντος· τούτου δὲ τὸ μὲν ὡς ἐπιπειθὲς λόγῳ, τὸ δ' ὡς
5 ἔχον καὶ διανοούμενον. διττῶς δὲ καὶ ταύτης λεγομένης τὴν κατ' ἐνέργειαν θετέον· κυριώτερον γὰρ αὕτη δοκεῖ λέγεσθαι. εἰ δ' ἐστὶν ἔργον ἀνθρώπου ψυχῆς ἐνέργεια κατὰ λόγον ἢ μὴ ἄνευ λόγου, τὸ δ' αὐτό φαμεν ἔργον εἶναι τῷ γένει τοῦδε καὶ τοῦδε σπουδαίου, ὥσπερ κιθαριστοῦ καὶ σπουδαίου
10 κιθαριστοῦ, καὶ ἁπλῶς δὴ τοῦτ' ἐπὶ πάντων, προστιθεμένης τῆς κατὰ τὴν ἀρετὴν ὑπεροχῆς πρὸς τὸ ἔργον· κιθαριστοῦ μὲν γὰρ κιθαρίζειν, σπουδαίου δὲ τὸ εὖ· εἰ δ' οὕτως, [ἀνθρώπου δὲ τίθεμεν ἔργον ζωήν τινα, ταύτην δὲ ψυχῆς ἐνέργειαν

καὶ πράξεις μετὰ λόγου, σπουδαίου δ' ἀνδρὸς εὖ ταῦτα καὶ καλῶς, ἕκαστον δ' εὖ κατὰ τὴν οἰκείαν ἀρετὴν ἀποτελεῖται· εἰ δ' οὕτω,] τὸ ἀνθρώπινον ἀγαθὸν ψυχῆς ἐνέργεια γίνεται κατ' ἀρετήν, εἰ δὲ πλείους αἱ ἀρεταί, κατὰ τὴν ἀρίστην καὶ τελειοτάτην. ἔτι δ' ἐν βίῳ τελείῳ. μία γὰρ χελιδὼν ἔαρ οὐ ποιεῖ, οὐδὲ μία ἡμέρα· οὕτω δὲ οὐδὲ μακάριον καὶ εὐδαίμονα μία ἡμέρα οὐδ' ὀλίγος χρόνος.

περιγεγράφθω μὲν οὖν τἀγαθὸν ταύτῃ· δεῖ γὰρ ἴσως ὑποτυπῶσαι πρῶτον, εἶθ' ὕστερον ἀναγράψαι. δόξειε δ' ἂν παντὸς εἶναι προαγαγεῖν καὶ διαρθρῶσαι τὰ καλῶς ἔχοντα τῇ περιγραφῇ, καὶ ὁ χρόνος τῶν τοιούτων εὑρετὴς ἢ συνεργὸς ἀγαθὸς εἶναι· ὅθεν καὶ τῶν τεχνῶν γεγόνασιν αἱ ἐπιδόσεις· παντὸς γὰρ προσθεῖναι τὸ ἐλλεῖπον. μεμνῆσθαι δὲ καὶ τῶν προειρημένων χρή, καὶ τὴν ἀκρίβειαν μὴ ὁμοίως ἐν ἅπασιν ἐπιζητεῖν, ἀλλ' ἐν ἑκάστοις κατὰ τὴν ὑποκειμένην ὕλην καὶ ἐπὶ τοσοῦτον ἐφ' ὅσον οἰκεῖον τῇ μεθόδῳ. καὶ γὰρ τέκτων καὶ γεωμέτρης διαφερόντως ἐπιζητοῦσι τὴν ὀρθήν· ὃ μὲν γὰρ ἐφ' ὅσον χρησίμη πρὸς τὸ ἔργον, ὃ δὲ τί ἐστιν ἢ ποῖόν τι· θεατὴς γὰρ τἀληθοῦς. τὸν αὐτὸν δὴ τρόπον καὶ ἐν τοῖς ἄλλοις ποιητέον, ὅπως μὴ τὰ πάρεργα τῶν ἔργων πλείω γίνηται.

οὐκ ἀπαιτητέον δ' οὐδὲ τὴν αἰτίαν ἐν ἅπασιν ὁμοίως, ἀλλ' ἱκανὸν ἔν τισι τὸ ὅτι δειχθῆναι καλῶς, οἷον καὶ περὶ τὰς ἀρχάς· τὸ δ' ὅτι πρῶτον καὶ ἀρχή. τῶν ἀρχῶν δ' αἳ μὲν ἐπαγωγῇ θεωροῦνται, αἳ δ' αἰσθήσει, αἳ δ' ἐθισμῷ τινί, καὶ ἄλλαι δ' ἄλλως. μετιέναι δὲ πειρατέον ἑκάστας ᾗ πεφύκασιν, καὶ σπουδαστέον ὅπως διορισθῶσι καλῶς· μεγάλην γὰρ ἔχουσι ῥοπὴν πρὸς τὰ ἑπόμενα. δοκεῖ γὰρ πλεῖον ἢ ἥμισυ τοῦ παντὸς εἶναι ἡ ἀρχή, καὶ πολλὰ συμφανῆ γίνεσθαι δι' αὐτῆς τῶν ζητουμένων.

σκεπτέον δὲ περὶ αὐτῆς οὐ μόνον ἐκ τοῦ συμπεράσματος καὶ ἐξ ὧν ὁ λόγος, ἀλλὰ καὶ ἐκ τῶν λεγομένων περὶ αὐτῆς· τῷ μὲν γὰρ ἀληθεῖ πάντα συνᾴδει τὰ ὑπάρχοντα, τῷ δὲ ψευδεῖ ταχὺ διαφωνεῖ τἀληθές.

νενεμημένων δὴ τῶν ἀγαθῶν τριχῇ, καὶ τῶν μὲν ἐκτὸς λεγομένων τῶν δὲ περὶ ψυχὴν καὶ σῶμα, τὰ περὶ ψυχὴν κυριώτατα λέγομεν καὶ μάλιστα ἀγαθά, τὰς δὲ πράξεις καὶ τὰς ἐνεργείας τὰς ψυχικὰς περὶ ψυχὴν τίθεμεν. ὥστε καλῶς ἂν λέγοιτο κατά γε ταύτην τὴν δόξαν παλαιὰν οὖσαν καὶ ὁμολογουμένην ὑπὸ τῶν φιλοσοφούντων. ὀρθῶς δὲ καὶ ὅτι πράξεις τινὲς λέγονται καὶ ἐνέργειαι τὸ τέλος· οὕτω γὰρ τῶν περὶ ψυχὴν ἀγαθῶν γίνεται καὶ οὐ τῶν ἐκτός.

συνᾴδει δὲ τῷ λόγῳ καὶ τὸ εὖ ζῆν καὶ τὸ εὖ πράττειν τὸν εὐδαίμονα· σχεδὸν γὰρ εὐζωία τις εἴρηται καὶ εὐπραξία.

φαίνεται δὲ καὶ τὰ ἐπιζητούμενα τὰ περὶ τὴν εὐδαιμονίαν ἅπανθ' ὑπάρχειν τῷ λεχθέντι. τοῖς μὲν γὰρ ἀρετὴ τοῖς δὲ φρόνησις ἄλλοις δὲ σοφία τις εἶναι δοκεῖ, τοῖς δὲ ταῦτα ἢ τούτων τι μεθ' ἡδονῆς ἢ οὐκ ἄνευ ἡδονῆς· ἕτεροι δὲ καὶ τὴν ἐκτὸς εὐετηρίαν συμπαραλαμβάνουσιν. τούτων δὲ τὰ μὲν πολλοὶ καὶ παλαιοὶ λέγουσιν, τὰ δὲ ὀλίγοι καὶ ἔνδοξοι ἄνδρες· οὐδετέρους δὲ τούτων εὔλογον διαμαρτάνειν τοῖς ὅλοις, ἀλλ' ἕν γέ τι ἢ καὶ τὰ πλεῖστα κατορθοῦν.

τοῖς μὲν οὖν λέγουσι τὴν ἀρετὴν ἢ ἀρετήν τινα συνῳδός ἐστιν ὁ λόγος· ταύτης γάρ ἐστιν ἡ κατ' αὐτὴν ἐνέργεια. διαφέρει δὲ ἴσως οὐ μικρὸν ἐν κτήσει ἢ χρήσει τὸ ἄριστον ὑπολαμβάνειν, καὶ ἐν ἕξει ἢ ἐνεργείᾳ. τὴν μὲν γὰρ ἕξιν ἐνδέχεται μηδὲν ἀγαθὸν ἀποτελεῖν ὑπάρχουσαν, οἷον τῷ καθεύδοντι ἢ καὶ ἄλλως πως ἐξηργηκότι, τὴν δ' ἐνέργειαν οὐχ οἷόν τε· πράξει γὰρ ἐξ ἀνάγκης, καὶ εὖ πράξει. ὥσπερ δ' Ὀλυμπίασιν οὐχ οἱ κάλλιστοι καὶ ἰσχυρότατοι στεφανοῦνται ἀλλ' οἱ ἀγωνιζόμενοι (τούτων γάρ τινες νικῶσιν), οὕτω καὶ τῶν ἐν τῷ βίῳ καλῶν κἀγαθῶν οἱ πράττοντες ὀρθῶς ἐπήβολοι γίνονται.

ἔστι δὲ καὶ ὁ βίος αὐτῶν καθ' αὑτὸν ἡδύς. τὸ μὲν γὰρ ἥδεσθαι τῶν ψυχικῶν, ἑκάστῳ δ' ἐστὶν ἡδὺ πρὸς ὃ λέγεται φιλοτοιοῦτος, οἷον ἵππος μὲν τῷ φιλίππῳ, θέαμα δὲ τῷ φιλοθεώρῳ· τὸν αὐτὸν δὲ τρόπον καὶ τὰ δίκαια τῷ φιλοδικαίῳ καὶ ὅλως τὰ κατ' ἀρετὴν τῷ φιλαρέτῳ. τοῖς μὲν οὖν πολλοῖς τὰ ἡδέα μάχεται διὰ τὸ μὴ φύσει τοιαῦτ' εἶναι, τοῖς δὲ φιλοκάλοις ἐστὶν ἡδέα τὰ φύσει ἡδέα· τοιαῦται δ' αἱ κατ' ἀρετὴν πράξεις, ὥστε καὶ τούτοις εἰσὶν ἡδεῖαι καὶ καθ' αὑτάς. οὐδὲν δὴ προσδεῖται τῆς ἡδονῆς ὁ βίος αὐτῶν ὥσπερ περιάπτου τινός, ἀλλ' ἔχει τὴν ἡδονὴν ἐν ἑαυτῷ. πρὸς τοῖς εἰρημένοις γὰρ οὐδ' ἐστὶν ἀγαθὸς ὁ μὴ χαίρων ταῖς καλαῖς πράξεσιν· οὔτε γὰρ δίκαιον οὐθεὶς ἂν εἴποι τὸν μὴ χαίροντα τῷ δικαιοπραγεῖν, οὔτ' ἐλευθέριον τὸν μὴ χαίροντα ταῖς ἐλευθερίοις πράξεσιν· ὁμοίως δὲ καὶ ἐπὶ τῶν ἄλλων. εἰ δ' οὕτω, καθ' αὑτὰς ἂν εἶεν αἱ κατ' ἀρετὴν πράξεις ἡδεῖαι.

ἀλλὰ μὴν καὶ ἀγαθαί γε καὶ καλαί, καὶ μάλιστα τούτων

ἕκαστον, εἴπερ καλῶς κρίνει περὶ αὐτῶν ὁ σπουδαῖος· κρίνει
δ' ὡς εἴπομεν. ἄριστον ἄρα καὶ κάλλιστον καὶ ἥδιστον ἡ
25 εὐδαιμονία, καὶ οὐ διώρισται ταῦτα κατὰ τὸ Δηλιακὸν ἐπίγραμμα·

κάλλιστον τὸ δικαιότατον, λῷστον δ' ὑγιαίνειν·
ἥδιστον δὲ πέφυχ' οὗ τις ἐρᾷ τὸ τυχεῖν.

ἅπαντα γὰρ ὑπάρχει ταῦτα ταῖς ἀρίσταις ἐνεργείαις· ταύ-
30 τας δέ, ἢ μίαν τούτων τὴν ἀρίστην, φαμὲν εἶναι τὴν εὐδαιμονίαν.

φαίνεται δ' ὅμως καὶ τῶν ἐκτὸς ἀγαθῶν προσδεομένη, καθάπερ εἴπομεν· ἀδύνατον γὰρ ἢ οὐ ῥᾴδιον τὰ καλὰ
πράττειν ἀχορήγητον ὄντα. πολλὰ μὲν γὰρ πράττεται,
καθάπερ δι' ὀργάνων, διὰ φίλων καὶ πλούτου καὶ πολιτικῆς
δυνάμεως· ἐνίων δὲ τητώμενοι ῥυπαίνουσι τὸ μακάριον, οἷον
εὐγενείας εὐτεκνίας κάλλους· οὐ πάνυ γὰρ εὐδαιμονικὸς ὁ
τὴν ἰδέαν παναίσχης ἢ δυσγενὴς ἢ μονώτης καὶ ἄτεκνος,
5 ἔτι δ' ἴσως ἧττον, εἴ τῳ πάγκακοι παῖδες εἶεν ἢ φίλοι, ἢ
ἀγαθοὶ ὄντες τεθνᾶσιν. καθάπερ οὖν εἴπομεν, ἔοικε προσδεῖσθαι καὶ τῆς τοιαύτης εὐημερίας· ὅθεν εἰς ταὐτὸ τάττουσιν
ἔνιοι τὴν εὐτυχίαν τῇ εὐδαιμονίᾳ, ἕτεροι δὲ τὴν ἀρετήν.

ὅθεν καὶ ἀπορεῖται πότερόν ἐστι μαθητὸν ἢ ἐθιστὸν ἢ καὶ
10 ἄλλως πως ἀσκητόν, ἢ κατά τινα θείαν μοῖραν ἢ καὶ διὰ τύχην
παραγίνεται. εἰ μὲν οὖν καὶ ἄλλο τί ἐστι θεῶν δώρημα ἀνθρώποις, εὔλογον καὶ τὴν εὐδαιμονίαν θεόσδοτον εἶναι, καὶ
μάλιστα τῶν ἀνθρωπίνων ὅσῳ βέλτιστον. ἀλλὰ τοῦτο μὲν
ἴσως ἄλλης ἂν εἴη σκέψεως οἰκειότερον, φαίνεται δὲ κἂν εἰ

μὴ θεόπεμπτός ἐστιν ἀλλὰ δι' ἀρετὴν καί τινα μάθησιν ἢ ἄσκησιν παραγίνεται, τῶν θειοτάτων εἶναι· τὸ γὰρ τῆς ἀρετῆς ἆθλον καὶ τέλος ἄριστον εἶναι φαίνεται καὶ θεῖόν τι καὶ μακάριον. εἴη δ' ἂν καὶ πολύκοινον· δυνατὸν γὰρ ὑπάρξαι πᾶσι τοῖς μὴ πεπηρωμένοις πρὸς ἀρετὴν διά τινος μαθήσεως καὶ ἐπιμελείας. εἰ δ' ἐστὶν οὕτω βέλτιον ἢ τὸ διὰ τύχην εὐδαιμονεῖν, εὔλογον ἔχειν οὕτως, εἴπερ τὰ κατὰ φύσιν, ὡς οἷόν τε κάλλιστα ἔχειν, οὕτω πέφυκεν, ὁμοίως δὲ καὶ τὰ κατὰ τέχνην καὶ πᾶσαν αἰτίαν, καὶ μάλιστα <τὰ> κατὰ τὴν ἀρίστην. τὸ δὲ μέγιστον καὶ κάλλιστον ἐπιτρέψαι τύχῃ λίαν πλημμελὲς ἂν εἴη.

συμφανὲς δ' ἐστὶ καὶ ἐκ τοῦ λόγου τὸ ζητούμενον· εἴρηται γὰρ ψυχῆς ἐνέργεια κατ' ἀρετὴν ποιά τις. τῶν δὲ λοιπῶν ἀγαθῶν τὰ μὲν ὑπάρχειν ἀναγκαῖον, τὰ δὲ συνεργὰ καὶ χρήσιμα πέφυκεν ὀργανικῶς. ὁμολογούμενα δὲ ταῦτ' ἂν εἴη καὶ τοῖς ἐν ἀρχῇ· τὸ γὰρ τῆς πολιτικῆς τέλος ἄριστον ἐτίθεμεν, αὕτη δὲ πλείστην ἐπιμέλειαν ποιεῖται τοῦ ποιούς τινας καὶ ἀγαθοὺς τοὺς πολίτας ποιῆσαι καὶ πρακτικοὺς τῶν καλῶν.

εἰκότως οὖν οὔτε βοῦν οὔτε ἵππον οὔτε ἄλλο τῶν ζῴων οὐδὲν εὔδαιμον λέγομεν· οὐδὲν γὰρ αὐτῶν οἷόν τε κοινωνῆσαι τοιαύτης ἐνεργείας. διὰ ταύτην δὲ τὴν αἰτίαν οὐδὲ παῖς εὐδαίμων ἐστίν· οὔπω γὰρ πρακτικὸς τῶν τοιούτων διὰ τὴν ἡλικίαν· οἱ δὲ λεγόμενοι διὰ τὴν ἐλπίδα μακαρίζονται. δεῖ γάρ, ὥσπερ εἴπομεν, καὶ ἀρετῆς τελείας καὶ βίου τελείου. πολλαὶ γὰρ μεταβολαὶ γίνονται καὶ παντοῖαι τύχαι κατὰ τὸν βίον, καὶ ἐνδέχεται τὸν μάλιστ' εὐθηνοῦντα μεγάλαις συμφοραῖς περιπεσεῖν ἐπὶ γήρως, καθάπερ ἐν τοῖς Τρωικοῖς περὶ Πριάμου μυθεύεται· τὸν δὲ τοιαύταις χρησάμενον τύχαις καὶ τελευτήσαντα ἀθλίως οὐδεὶς εὐδαιμονίζει.

πότερον οὖν οὐδ' ἄλλον οὐδένα ἀνθρώπων εὐδαιμονιστέον ἕως ἂν ζῇ, κατὰ Σόλωνα δὲ χρεὼν τέλος ὁρᾶν; εἰ δὲ δὴ καὶ θετέον οὕτως, ἆρά γε καὶ ἔστιν εὐδαίμων τότε ἐπειδὰν ἀποθάνῃ; ἢ τοῦτό γε παντελῶς ἄτοπον, ἄλλως τε καὶ τοῖς λέγουσιν ἡμῖν ἐνέργειάν τινα τὴν εὐδαιμονίαν; εἰ δὲ μὴ λέγομεν τὸν τεθνεῶτα εὐδαίμονα, μηδὲ Σόλων τοῦτο βούλεται, ἀλλ' ὅτι τηνικαῦτα ἄν τις ἀσφαλῶς μακαρίσειεν ἄνθρωπον ὡς ἐκτὸς ἤδη τῶν κακῶν ὄντα καὶ τῶν δυστυχημάτων, ἔχει μὲν καὶ τοῦτ' ἀμφισβήτησίν τινα· δοκεῖ γὰρ εἶναί τι τῷ τεθνεῶτι καὶ κακὸν καὶ ἀγαθόν, εἴπερ καὶ τῷ ζῶντι μὴ αἰσθανομένῳ δέ, οἷον τιμαὶ καὶ ἀτιμίαι καὶ τέκνων καὶ ὅλως ἀπογόνων εὐπραξίαι τε καὶ δυστυχίαι. ἀπορίαν δὲ καὶ ταῦτα παρέχει· τῷ γὰρ μακαρίως βεβιωκότι μέχρι γήρως καὶ τελευτήσαντι κατὰ λόγον ἐνδέχεται πολλὰς μεταβολὰς συμβαίνειν περὶ τοὺς ἐκγόνους, καὶ τοὺς μὲν αὐτῶν ἀγαθοὺς εἶναι καὶ τυχεῖν βίου τοῦ κατ' ἀξίαν, τοὺς δ' ἐξ ἐναντίας· δῆλον δ' ὅτι καὶ τοῖς ἀποστήμασι πρὸς τοὺς γονεῖς παντοδαπῶς ἔχειν αὐτοὺς ἐνδέχεται. ἄτοπον δὴ γίνοιτ' ἄν, εἰ συμμεταβάλλοι καὶ ὁ τεθνεὼς καὶ γίνοιτο ὁτὲ μὲν εὐδαίμων πάλιν δ' ἄθλιος· ἄτοπον δὲ καὶ τὸ μηδὲν μηδ' ἐπί τινα χρόνον συνικνεῖσθαι τὰ τῶν ἐκγόνων τοῖς γονεῦσιν.

ἀλλ' ἐπανιτέον ἐπὶ τὸ πρότερον ἀπορηθέν· τάχα γὰρ ἂν θεωρηθείη καὶ τὸ νῦν ἐπιζητούμενον ἐξ ἐκείνου. εἰ δὴ τὸ τέλος ὁρᾶν δεῖ καὶ τότε μακαρίζειν ἕκαστον οὐχ ὡς ὄντα μακάριον ἀλλ' ὅτι πρότερον ἦν, πῶς οὐκ ἄτοπον, εἰ ὅτ' ἔστιν εὐδαίμων, μὴ ἀληθεύσεται κατ' αὐτοῦ τὸ ὑπάρχον διὰ τὸ μὴ βούλεσθαι τοὺς ζῶντας εὐδαιμονίζειν διὰ τὰς μεταβολάς, καὶ διὰ τὸ μόνιμόν τι τὴν εὐδαιμονίαν ὑπειληφέναι καὶ μηδαμῶς εὐμετάβολον, τὰς δὲ τύχας πολλάκις ἀνακυκλεῖσθαι περὶ τοὺς αὐτούς; δῆλον γὰρ ὡς εἰ συνακολουθοίημεν ταῖς τύχαις, τὸν αὐτὸν εὐδαίμονα καὶ πάλιν ἄθλιον ἐροῦμεν πολλάκις, χαμαιλέοντά τινα τὸν εὐδαίμονα ἀποφαίνοντες καὶ σαθρῶς ἱδρυμένον. ἢ τὸ μὲν ταῖς τύχαις ἐπακολουθεῖν οὐδαμῶς ὀρθόν; οὐ γὰρ ἐν ταύταις τὸ εὖ ἢ κακῶς, ἀλλὰ προσδεῖται τούτων ὁ ἀνθρώπινος βίος, καθάπερ εἴπομεν, κύριαι δ' εἰσὶν αἱ κατ' ἀρετὴν ἐνέργειαι τῆς εὐδαιμονίας, αἱ δ' ἐναντίαι τοῦ ἐναντίου.

μαρτυρεῖ δὲ τῷ λόγῳ καὶ τὸ νῦν διαπορηθέν. περὶ οὐδὲν γὰρ οὕτως ὑπάρχει τῶν ἀνθρωπίνων ἔργων βεβαιότης ὡς περὶ τὰς ἐνεργείας τὰς κατ' ἀρετήν· μονιμώτεραι γὰρ καὶ τῶν ἐπιστημῶν αὗται δοκοῦσιν εἶναι· τούτων δ' αὐτῶν αἱ τιμιώταται μονιμώτεραι διὰ τὸ μάλιστα καὶ συνεχέστατα καταζῆν ἐν αὐταῖς τοὺς μακαρίους· τοῦτο γὰρ ἔοικεν αἰτίῳ τοῦ μὴ γίνεσθαι περὶ αὐτὰς λήθην. ὑπάρξει δὴ τὸ ζητούμενον τῷ εὐδαίμονι, καὶ ἔσται διὰ βίου τοιοῦτος· ἀεὶ γὰρ ἢ μάλιστα πάντων πράξει καὶ θεωρήσει τὰ κατ' ἀρετήν, καὶ τὰς τύχας οἴσει κάλλιστα καὶ πάντη πάντως ἐμμελῶς ὅ γ' ὡς ἀληθῶς ἀγαθὸς καὶ τετράγωνος ἄνευ ψόγου.

πολλῶν δὲ γινομένων κατὰ τύχην καὶ διαφερόντων μεγέθει καὶ μικρότητι, τὰ μὲν μικρὰ τῶν εὐτυχημάτων, ὁμοίως δὲ καὶ τῶν ἀντικειμένων, δῆλον ὡς οὐ ποιεῖ

ροπὴν τῆς ζωῆς, τὰ δὲ μεγάλα καὶ πολλὰ γινόμενα μὲν
εὖ μακαριώτερον τὸν βίον ποιήσει (καὶ γὰρ αὐτὰ συνεπι-
κοσμεῖν πέφυκεν, καὶ ἡ χρῆσις αὐτῶν καλὴ καὶ σπουδαία
γίνεται), ἀνάπαλιν δὲ συμβαίνοντα θλίβει καὶ λυμαίνεται
τὸ μακάριον· λύπας τε γὰρ ἐπιφέρει καὶ ἐμποδίζει πολ-
λαῖς ἐνεργείαις. ὅμως δὲ καὶ ἐν τούτοις διαλάμπει τὸ κα-
λόν, ἐπειδὰν φέρῃ τις εὐκόλως πολλὰς καὶ μεγάλας ἀτυ-
χίας, μὴ δι' ἀναλγησίαν, ἀλλὰ γεννάδας ὢν καὶ μεγαλό-
ψυχος.
  εἰ δ' εἰσὶν αἱ ἐνέργειαι κύριαι τῆς ζωῆς, καθάπερ
εἴπομεν, οὐδεὶς ἂν γένοιτο τῶν μακαρίων ἄθλιος· οὐδέποτε
γὰρ πράξει τὰ μισητὰ καὶ τὰ φαῦλα. τὸν γὰρ ὡς ἀληθῶς
ἀγαθὸν καὶ ἔμφρονα πάσας οἰόμεθα τὰς τύχας εὐσχημό-
νως φέρειν καὶ ἐκ τῶν ὑπαρχόντων ἀεὶ τὰ κάλλιστα πράτ-
τειν, καθάπερ καὶ στρατηγὸν ἀγαθὸν τῷ παρόντι στρατοπέδῳ
χρῆσθαι πολεμικώτατα καὶ σκυτοτόμον ἐκ τῶν δοθέντων
σκυτῶν κάλλιστον ὑπόδημα ποιεῖν· τὸν αὐτὸν δὲ τρόπον
καὶ τοὺς ἄλλους τεχνίτας ἅπαντας. εἰ δ' οὕτως, ἄθλιος μὲν
οὐδέποτε γένοιτ' ἂν ὁ εὐδαίμων, οὐ μὴν μακάριός γε, ἂν
Πριαμικαῖς τύχαις περιπέσῃ. οὐδὲ δὴ ποικίλος γε καὶ
εὐμετάβολος· οὔτε γὰρ ἐκ τῆς εὐδαιμονίας κινηθήσεται ῥᾳ-
δίως, οὐδ' ὑπὸ τῶν τυχόντων ἀτυχημάτων ἀλλ' ὑπὸ μεγά-
λων καὶ πολλῶν, ἔκ τε τῶν τοιούτων οὐκ ἂν γένοιτο πάλιν
εὐδαίμων ἐν ὀλίγῳ χρόνῳ, ἀλλ' εἴπερ, ἐν πολλῷ τινι καὶ
τελείῳ, μεγάλων καὶ καλῶν ἐν αὐτῷ γενόμενος ἐπήβολος.

  τί οὖν κωλύει λέγειν εὐδαίμονα τὸν κατ' ἀρετὴν τελείαν
ἐνεργοῦντα καὶ τοῖς ἐκτὸς ἀγαθοῖς ἱκανῶς κεχορηγημένον

μὴ τὸν τυχόντα χρόνον ἀλλὰ τέλειον βίον; ἢ προσθετέον καὶ βιωσόμενον οὕτω καὶ τελευτήσοντα κατὰ λόγον; ἐπειδὴ τὸ μέλλον ἀφανὲς ἡμῖν ἐστίν, τὴν εὐδαιμονίαν δὲ τέλος καὶ τέλειον τίθεμεν πάντῃ πάντως. εἰ δ' οὕτω, μακαρίους ἐροῦμεν τῶν ζώντων οἷς ὑπάρχει καὶ ὑπάρξει τὰ λεχθέντα, μακαρίους δ' ἀνθρώπους. καὶ περὶ μὲν τούτων ἐπὶ τοσοῦτον διωρίσθω.

τὰς δὲ τῶν ἀπογόνων τύχας καὶ τῶν φίλων ἁπάντων τὸ μὲν μηδοτιοῦν συμβάλλεσθαι λίαν ἄφιλον φαίνεται καὶ ταῖς δόξαις ἐναντίον· πολλῶν δὲ καὶ παντοίας ἐχόντων διαφορὰς τῶν συμβαινόντων, καὶ τῶν μὲν μᾶλλον συνικνουμένων τῶν δ' ἧττον, καθ' ἕκαστον μὲν διαιρεῖν μακρὸν καὶ ἀπέραντον φαίνεται, καθόλου δὲ λεχθὲν καὶ τύπῳ τάχ' ἂν ἱκανῶς ἔχοι. εἰ δή, καθάπερ καὶ τῶν περὶ αὐτὸν ἀτυχημάτων τὰ μὲν ἔχει τι βρῖθος καὶ ῥοπὴν πρὸς τὸν βίον τὰ δ' ἐλαφροτέροις ἔοικεν, οὕτω καὶ τὰ περὶ τοὺς φίλους ὁμοίως ἅπαντας, διαφέρει δὲ τῶν παθῶν ἕκαστον περὶ ζῶντας ἢ τελευτήσαντας συμβαίνειν πολὺ μᾶλλον ἢ τὰ παράνομα καὶ δεινὰ προϋπάρχειν ἐν ταῖς τραγῳδίαις ἢ πράττεσθαι, συλλογιστέον δὴ καὶ ταύτην τὴν διαφοράν, μᾶλλον δ' ἴσως τὸ διαπορεῖσθαι περὶ τοὺς κεκμηκότας εἴ τινος ἀγαθοῦ κοινωνοῦσιν ἢ τῶν ἀντικειμένων. ἔοικε γὰρ ἐκ τούτων εἰ καὶ διικνεῖται πρὸς αὐτοὺς ὁτιοῦν, εἴτ' ἀγαθὸν εἴτε τοὐναντίον, ἀφαυρόν τι καὶ μικρὸν ἢ ἁπλῶς ἢ ἐκείνοις εἶναι, εἰ δὲ μή, τοσοῦτόν γε καὶ τοιοῦτον ὥστε μὴ ποιεῖν εὐδαίμονας τοὺς μὴ ὄντας μηδὲ τοὺς ὄντας ἀφαιρεῖσθαι τὸ μακάριον.

συμβάλλεσθαι μὲν οὖν τι φαίνονται τοῖς κεκμηκόσιν αἱ εὐπραξίαι τῶν φίλων, ὁμοίως δὲ καὶ αἱ δυσπραξίαι, τοιαῦτα δὲ καὶ τηλικαῦτα ὥστε μήτε τοὺς εὐδαίμονας μὴ εὐδαίμονας ποιεῖν μήτ' ἄλλο τῶν τοιούτων μηδέν.

διωρισμένων δὲ τούτων ἐπισκεψώμεθα περὶ τῆς εὐδαιμονίας πότερα τῶν ἐπαινετῶν ἐστιν ἢ μᾶλλον τῶν τιμίων· δῆλον γὰρ ὅτι τῶν γε δυνάμεων οὐκ ἔστιν.

φαίνεται δὴ πᾶν τὸ ἐπαινετὸν τῷ ποιόν τι εἶναι καὶ πρός τι πῶς ἔχειν ἐπαινεῖσθαι· τὸν γὰρ δίκαιον καὶ τὸν ἀνδρεῖον καὶ ὅλως τὸν ἀγαθόν τε καὶ τὴν ἀρετὴν ἐπαινοῦμεν διὰ τὰς πράξεις καὶ τὰ ἔργα, καὶ τὸν ἰσχυρὸν δὲ καὶ τὸν δρομικὸν καὶ τῶν ἄλλων ἕκαστον τῷ ποιόν τινα πεφυκέναι καὶ ἔχειν πως πρὸς ἀγαθόν τι καὶ σπουδαῖον. δῆλον δὲ τοῦτο καὶ ἐκ τῶν περὶ τοὺς θεοὺς ἐπαίνων· γελοῖοι γὰρ φαίνονται πρὸς ἡμᾶς ἀναφερόμενοι, τοῦτο δὲ συμβαίνει διὰ τὸ γίνεσθαι τοὺς ἐπαίνους δι' ἀναφορᾶς, ὥσπερ εἴπομεν. εἰ δ' ἐστὶν ὁ ἔπαινος τῶν τοιούτων, δῆλον ὅτι τῶν ἀρίστων οὐκ ἔστιν ἔπαινος, ἀλλὰ μεῖζόν τι καὶ βέλτιον, καθάπερ καὶ φαίνεται· τούς τε γὰρ θεοὺς μακαρίζομεν καὶ εὐδαιμονίζομεν καὶ τῶν ἀνδρῶν τοὺς θειοτάτους [μακαρίζομεν]. ὁμοίως δὲ καὶ τῶν ἀγαθῶν· οὐδεὶς γὰρ τὴν εὐδαιμονίαν ἐπαινεῖ καθάπερ τὸ δίκαιον, ἀλλ' ὡς θειότερόν τι καὶ βέλτιον μακαρίζει.

δοκεῖ δὲ καὶ Εὔδοξος καλῶς συνηγορῆσαι περὶ τῶν ἀριστείων τῇ ἡδονῇ· τὸ γὰρ μὴ ἐπαινεῖσθαι τῶν ἀγαθῶν οὖσαν μηνύειν ᾤετο ὅτι κρεῖττόν ἐστι τῶν ἐπαινετῶν, τοιοῦτον δ' εἶναι τὸν θεὸν καὶ τἀγαθόν· πρὸς ταῦτα γὰρ καὶ τἆλλα ἀναφέρεσθαι.

ὁ μὲν γὰρ ἔπαινος
τῆς ἀρετῆς· πρακτικοὶ γὰρ τῶν καλῶν ἀπὸ ταύτης· τὰ δ'
ἐγκώμια τῶν ἔργων ὁμοίως καὶ τῶν σωματικῶν καὶ τῶν
ψυχικῶν. ἀλλὰ ταῦτα μὲν ἴσως οἰκειότερον ἐξακριβοῦν
τοῖς περὶ τὰ ἐγκώμια πεπονημένοις· ἡμῖν δὲ δῆλον ἐκ τῶν
εἰρημένων ὅτι ἐστὶν ἡ εὐδαιμονία τῶν τιμίων καὶ τελείων.
ἔοικε δ' οὕτως ἔχειν καὶ διὰ τὸ εἶναι ἀρχή· ταύτης γὰρ
χάριν τὰ λοιπὰ πάντα πάντες πράττομεν, τὴν ἀρχὴν δὲ
καὶ τὸ αἴτιον τῶν ἀγαθῶν τίμιόν τι καὶ θεῖον τίθεμεν.

ἐπεὶ δ' ἐστὶν ἡ εὐδαιμονία ψυχῆς ἐνέργειά τις κατ'
ἀρετὴν τελείαν, περὶ ἀρετῆς ἐπισκεπτέον ἂν εἴη· τάχα γὰρ
οὕτως ἂν βέλτιον καὶ περὶ τῆς εὐδαιμονίας θεωρήσαιμεν. δοκεῖ
δὲ καὶ ὁ κατ' ἀλήθειαν πολιτικὸς περὶ ταύτην μάλιστα πεπο-
νῆσθαι· βούλεται γὰρ τοὺς πολίτας ἀγαθοὺς ποιεῖν καὶ τῶν
νόμων ὑπηκόους. παράδειγμα δὲ τούτων ἔχομεν τοὺς Κρητῶν
καὶ Λακεδαιμονίων νομοθέτας, καὶ εἴ τινες ἕτεροι τοιοῦτοι
γεγένηνται. εἰ δὲ τῆς πολιτικῆς ἐστιν ἡ σκέψις αὕτη, δῆλον
ὅτι γίνοιτ' ἂν ἡ ζήτησις κατὰ τὴν ἐξ ἀρχῆς προαίρεσιν.

περὶ
ἀρετῆς δὲ ἐπισκεπτέον ἀνθρωπίνης δῆλον ὅτι· καὶ γὰρ τἀγα-
θὸν ἀνθρώπινον ἐζητοῦμεν καὶ τὴν εὐδαιμονίαν ἀνθρωπίνην.
ἀρετὴν δὲ λέγομεν ἀνθρωπίνην οὐ τὴν τοῦ σώματος ἀλλὰ τὴν
τῆς ψυχῆς· καὶ τὴν εὐδαιμονίαν δὲ ψυχῆς ἐνέργειαν λέ-
γομεν. εἰ δὲ ταῦθ' οὕτως ἔχει, δῆλον ὅτι δεῖ τὸν πολιτικὸν
εἰδέναι πως τὰ περὶ ψυχῆς, ὥσπερ καὶ τὸν ὀφθαλμοὺς θε-
ραπεύσοντα καὶ πᾶν <τὸ> σῶμα, καὶ μᾶλλον ὅσῳ τιμιωτέρα
καὶ βελτίων ἡ πολιτικὴ τῆς ἰατρικῆς· τῶν δ' ἰατρῶν οἱ χα-

ρίεντες πολλὰ πραγματεύονται περὶ τὴν τοῦ σώματος γνῶσιν. θεωρητέον δὴ καὶ τῷ πολιτικῷ περὶ ψυχῆς, θεωρητέον δὲ τούτων χάριν, καὶ ἐφ' ὅσον ἱκανῶς ἔχει πρὸς τὰ ζητούμενα· τὸ γὰρ ἐπὶ πλεῖον ἐξακριβοῦν ἐργωδέστερον ἴσως ἐστὶ τῶν προκειμένων.

λέγεται δὲ περὶ αὐτῆς καὶ ἐν τοῖς ἐξωτερικοῖς λόγοις ἀρκούντως ἔνια, καὶ χρηστέον αὐτοῖς· οἷον τὸ μὲν ἄλογον αὐτῆς εἶναι, τὸ δὲ λόγον ἔχον. ταῦτα δὲ πότερον διώρισται καθάπερ τὰ τοῦ σώματος μόρια καὶ πᾶν τὸ μεριστόν, ἢ τῷ λόγῳ δύο ἐστὶν ἀχώριστα πεφυκότα καθάπερ ἐν τῇ περιφερείᾳ τὸ κυρτὸν καὶ τὸ κοῖλον, οὐθὲν διαφέρει πρὸς τὸ παρόν.

τοῦ ἀλόγου δὲ τὸ μὲν ἔοικε κοινῷ καὶ φυτικῷ, λέγω δὲ τὸ αἴτιον τοῦ τρέφεσθαι καὶ αὔξεσθαι· τὴν τοιαύτην γὰρ δύναμιν τῆς ψυχῆς ἐν ἅπασι τοῖς τρεφομένοις θείη τις ἂν καὶ ἐν τοῖς ἐμβρύοις, τὴν αὐτὴν δὲ ταύτην καὶ ἐν τοῖς τελείοις· εὐλογώτερον γὰρ ἢ ἄλλην τινά. ταύτης μὲν οὖν κοινή τις ἀρετὴ καὶ οὐκ ἀνθρωπίνη φαίνεται· δοκεῖ γὰρ ἐν τοῖς ὕπνοις ἐνεργεῖν μάλιστα τὸ μόριον τοῦτο καὶ ἡ δύναμις αὕτη, ὁ δ' ἀγαθὸς καὶ κακὸς ἥκιστα διάδηλοι καθ' ὕπνον (ὅθεν φασὶν οὐδὲν διαφέρειν τὸ ἥμισυ τοῦ βίου τοὺς εὐδαίμονας τῶν ἀθλίων· συμβαίνει δὲ τοῦτο εἰκότως· ἀργία γάρ ἐστιν ὁ ὕπνος τῆς ψυχῆς ᾗ λέγεται σπουδαία καὶ φαύλη), πλὴν εἰ μὴ κατὰ μικρὸν καὶ διικνοῦνταί τινες τῶν κινήσεων, καὶ ταύτῃ βελτίω γίνεται τὰ φαντάσματα τῶν ἐπιεικῶν ἢ τῶν τυχόντων. ἀλλὰ περὶ μὲν τούτων ἅλις, καὶ τὸ θρεπτικὸν ἐατέον, ἐπειδὴ τῆς ἀνθρωπικῆς ἀρετῆς ἄμοιρον πέφυκεν.

ἔοικε δὲ καὶ ἄλλη τις φύσις τῆς ψυχῆς ἄλογος εἶναι, με

τέχουσα μέντοι πῃ λόγου. τοῦ γὰρ ἐγκρατοῦς καὶ ἀκρατοῦς τὸν λόγον καὶ τῆς ψυχῆς τὸ λόγον ἔχον ἐπαινοῦμεν· ὀρθῶς γὰρ καὶ ἐπὶ τὰ βέλτιστα παρακαλεῖ·

φαίνεται δ' ἐν αὐτοῖς καὶ ἄλλο τι παρὰ τὸν λόγον πεφυκός, ὃ μάχεται καὶ ἀντιτείνει τῷ λόγῳ. ἀτεχνῶς γὰρ καθάπερ τὰ παραλελυμένα τοῦ σώματος μόρια εἰς τὰ δεξιὰ προαιρουμένων κινῆσαι τοὐναντίον εἰς τὰ ἀριστερὰ παραφέρεται, καὶ ἐπὶ τῆς ψυχῆς οὕτως· ἐπὶ τἀναντία γὰρ αἱ ὁρμαὶ τῶν ἀκρατῶν. ἀλλ' ἐν τοῖς σώμασι μὲν ὁρῶμεν τὸ παραφερόμενον, ἐπὶ δὲ τῆς ψυχῆς οὐχ ὁρῶμεν. ἴσως δ' οὐδὲν ἧττον καὶ ἐν τῇ ψυχῇ νομιστέον εἶναί τι παρὰ τὸν λόγον, ἐναντιούμενον τούτῳ καὶ ἀντιβαῖνον. πῶς δ' ἕτερον, οὐδὲν διαφέρει. λόγου δὲ καὶ τοῦτο φαίνεται μετέχειν, ὥσπερ εἴπομεν· πειθαρχεῖ γοῦν τῷ λόγῳ τὸ τοῦ ἐγκρατοῦς—ἔτι δ' ἴσως εὐηκοώτερόν ἐστι τὸ τοῦ σώφρονος καὶ ἀνδρείου· πάντα γὰρ ὁμοφωνεῖ τῷ λόγῳ.

φαίνεται δὴ καὶ τὸ ἄλογον διττόν. τὸ μὲν γὰρ φυτικὸν οὐδαμῶς κοινωνεῖ λόγου, τὸ δ' ἐπιθυμητικὸν καὶ ὅλως ὀρεκτικὸν μετέχει πως, ᾗ κατήκοόν ἐστιν αὐτοῦ καὶ πειθαρχικόν· οὕτω δὴ καὶ τοῦ πατρὸς καὶ τῶν φίλων φαμὲν ἔχειν λόγον, καὶ οὐχ ὥσπερ τῶν μαθηματικῶν. ὅτι δὲ πείθεταί πως ὑπὸ λόγου τὸ ἄλογον, μηνύει καὶ ἡ νουθέτησις καὶ πᾶσα ἐπιτίμησίς τε καὶ παράκλησις. εἰ δὲ χρὴ καὶ τοῦτο φάναι λόγον ἔχειν, διττὸν ἔσται καὶ τὸ λόγον ἔχον, τὸ μὲν κυρίως καὶ ἐν αὐτῷ, τὸ δ' ὥσπερ τοῦ πατρὸς ἀκουστικόν τι.

διορίζεται δὲ καὶ ἡ ἀρετὴ κατὰ τὴν διαφορὰν ταύτην· λέγομεν γὰρ αὐτῶν τὰς μὲν διανοητικὰς τὰς δὲ ἠθικάς, σοφίαν μὲν καὶ σύνεσιν καὶ φρόνησιν διανοητικάς, ἐλευθεριότητα δὲ καὶ σωφροσύνην ἠθικάς. λέγοντες γὰρ περὶ τοῦ ἤθους οὐ λέγομεν ὅτι σοφὸς ἢ συνετὸς ἀλλ' ὅτι πρᾶος ἢ σώφρων· ἐπαινοῦμεν δὲ καὶ τὸν σοφὸν κατὰ τὴν ἕξιν· τῶν ἕξεων δὲ τὰς ἐπαινετὰς ἀρετὰς λέγομεν.

COMMENTARY

1094a1-18 τἀγαθόν *as a* τέλος.

1094a
1   **μέθοδος**: "pursuit, inquiry, systematic investigation." For Aristotle, a τέχνη can be an external manifestation of a μέθοδος, just as a πρᾶξις is of a προαίρεσις. It is important to Aristotle's ensuing argument that these terms are dependent on rationality and thus are applicable to mankind alone.
2   **ἐφίεσθαι** < ἐφίημι + genitive, "desire, aim at."
    ἀπεφήναντο: third person plural aorist middle indicative < ἀποφαίνω, the subject being unspecified individuals.
3   **πάντ'** = πάντα; neuter plural subjects usually take singular verbs.
4   **τὰ μέν ... τὰ δέ**: "some... others."
    ἐνέργειαι: "actualities, actions, activities." Some of these "actualities" are ends in themselves, others result in ἔργα, "products."
    παρ' αὐτάς = παρὰ αὐτάς: "beyond these (ἐνέργειαι)."
5   **ὧν**: "(those) of which," picked up by τουτοῖς.
    πράξεις: here synonymous with ἐνέργειαι.
6f. **βελτίω** = βελτίονα, comparative of ἀγαθός, + genitive of comparison.
    πέφυκε often = ἐστί; "grow, be (by nature)."
    πολλῶν ... ἐπιστημῶν: genitive absolute.
7   **γίνεται** = γίγνεται.
8   **ἰατρικῆς** (τεχνῆς) **ὑγίεια** (ἐστὶ τέλος).
    ναυπηγικῆς < ναυπηγικός, "shipbuilding."
9   **ὅσαι**: picked up by ἐν ἁπάσαις δέ (14), "however many ... in all these." Aristotle proceeds to assert the existence of a hierarchy of πράξεις, τέχναι, and ἐπιστήμαι and their corresponding τέλη subordinate to particular δυνάμεις ("potentialities"). The more "architectonic" a πρᾶξις, τέχνη, or ἐπιστήμη, the more preferable it is, in part because its τέλος encompasses the attainment of the τέλη subordinate to it within any specific δύναμις. At 1094a26-1094b11, Aristotle will present ἡ πολιτική as the highest ἐπιστήμη for man and its τέλος, therefore, as τἀνθρώπινον ἀγαθόν.
10 **καθάπερ**: "just as"; the example continues until κατὰ τὸν αὐτὸν δὴ τρόπον (13).

11 χαλινοποιική: "bridle-making."
12 ὀργάνων: "equipment."
13 ὑφ' = ὑπό.
14 ἐν ἁπάσαις δέ: picks up ὅσαι δ' εἰσί; the δέ simply marks the main clause and is not translated (S 2837).
   ἀρχιτεκτονικῶν: "master arts."
14f. πάντων ... τῶν ὑπ' αὐτά: with comparative αἱρετώτερα.
15 χάριν: here, as often, acting as a (postpositive) preposition + genitive, "for the sake of."
16 κἀκεῖνα = καὶ ἐκεῖνα. Here καί is emphatic.
   διαφέρει ... οὐδέν: impersonal διαφέρει, "it makes no difference" + inf.
17 ἤ: "<whether> ... or."
18 λεχθεισῶν: aorist passive participle < λέγω.

1094a18-b11 ἡ πολιτική *as* τἀγαθὸν καὶ τὸ ἄριστον.

19 δι' αὐτό = διὰ αὐτό = διὰ ἑαυτό.
   τἆλλα = τὰ ἄλλα.
   μή: used rather than οὐ in conditions, wishes, and with infinitives, imperatives, and subjunctives.
20 πρόεισι: third person singular present tense < πρόειμι, "go forward."
   γ' = γέ, intensive postpositive particle, i.e., stressing the word it follows; often (but not here) limitative ("at least"), e.g., in 25 τύπῳ.
21 ὄρεξιν: "appetite, desire."
   δῆλον ὡς: "it is clear that."
22 ἆρ(α): untranslatable interrogative particle, with οὖν adding emphasis (D 50-51).
23 αὐτοῦ: of this particular τέλος, i.e., τἀγαθόν.
   ῥοπήν: "turn of scale, influence."
24 τυγχάνοιμεν < τυγχάνω + genitive = "happen upon, meet with."
   τοῦ δέοντος: "the fitting."
24f. εἰ ... οὕτω: Understand ἐστί, as often.
25 πειρατέον: impersonal verbal adjective < πειράω, "one must attempt."
   τύπῳ: "in outline."
   αὐτὸ τί ποτ' ἐστί: "it what (it) is," i.e., "what it is." The subject of the subordinate clause has been put before the clause in a proleptic construction (S 2182).
25f. τί ... τίνος: interrogatives. Note accent,
26 δόξειε ... ἄν: Understand τὸ ἀγαθὸν εἶναι.

κυριωτάτης: "most authoritative," superlative < κύριος; genitive of possession referring back to τίνος.

28 χρεών: with ἐστί understood = χρή, "it is right," here governing both εἶναι and μανθάνειν.

1094b

1 μέχρι τίνος: "until what," i.e., "to what degree."
αὕτη < οὗτος.
2 διατάσσει: "determines."
3 οἷον: "like."
4f. χρωμένης ... νομοθετούσης: genitive absolutes. χρωμένης < χράομαι, "use" + dative.
4 [πρακτικαῖς]: Square brackets mark what the modern editor suspects to be an addition made at some point in the manuscript transmission.
5 τίνων: genitive of separation with ἀπέχεσθαι.
6 περιέχοι: "surround, encompass."
7 εἰ ... καί: "even if."
ταὐτόν = τὸ αὐτόν = τὸ αὐτό. S 327. Understand τέλος.
ἑνί < εἷς, μία, ἕν; understand ἀνθρώπῳ.
8 τό: Understand τέλος.
9 γὰρ καί: "for even."
11 οὖν: "therefore," marking an inference from what preceded.
μέθοδος: here the investigation in which Aristotle is engaged.
πολιτική τις οὖσα: the μέθοδος. The political dimension subsumes and encompasses the τέλη of all such endeavors on an individual scale.
δ': On the one hand (μέν), having established to his satisfaction that his μέθοδος is πολιτική, Aristotle now introduces with δέ a possible limiting consideration.

1094b11-1095a13 *Limitations and qualifications inherent in a consideration of* ἡ πολιτική.

12 τὴν ὑποκειμένην ὕλην: "the underlying substance, the subject-matter."
διασαφηθείη: third person aorist passive optative < διασαφέω, "clarify."
12f. τό ... ἀκριβές: "precision."
13 τοῖς λόγοις: "reasonings, statements."
ἐπιζητητέον: impersonal verbal adjective, "one must seek."
14 δημιουργουμένοις: "things being crafted."

16 πλάνην: "wandering," i.e., "irregularity, deviation."
17 καί: "too," with τἀγαθά.
   τἀγαθά = τὰ ἀγαθά; subject.
17f. τό ... συμβαίνειν βλάβας: articular infinitive dependent on διά, "through the fact that injuries (βλάβας) result."
18 ἤδη: "before this, already."
   ἀπώλοντο < ἀπόλλυμι, "destroy."
19 ἀγαπητόν: Understand ἐστί, "it must be cherished that, one must be content that" + infinitive.
19f. περὶ τοιούτων καὶ ἐκ τοιούτων: subject matter and premises.
20 παχυλῶς: "roughly."
   τύπῳ: See on 1094a25.
21 τῶν ὡς ἐπὶ τὸ πολύ: "concerning the things (being) as for the most part," i.e., concerning the general case.
22 συμπεραίνεσθαι: middle infinitive < συμπεραίνω, "accomplish together," i.e., "to draw conclusions."
   τὸν αὐτὸν ... τρόπον: accusative of respect (S 1600-1601).
23 ἀποδέχεσθαι < ἀποδέχομαι, "accept."
   χρεών: See on 1094a28.
   πεπαιδευμένου: Understand ἀνθρώπου; genitive predicate of ἐστί (S 1304).
24f. ἐπὶ τοσοῦτον ... ἐφ' ὅσον (= ἐπὶ ὅσον): "to so much ... to as much," i.e.,"to the degree that" (S 2468).
25 παραπλήσιον: neuter adjective, "nearly equal"; here, "nearly equally stupid."
26 μαθηματικοῦ ... πιθανολογοῦντος: genitive object of ἀποδέχεσθαι. Understand ἀνθρώπου.
27 ἀποδείξεις: accusative plural, "deductive proofs."
   ἀπαιτεῖν: double accusative = "demand *x* from *y*." With ῥητορικόν understand ἄνθρωπον.
28f. καθ' ἕκαστον ... πεπαιδευμένος: "the one educated regarding each individual matter (is a good judge of it)."

1095a

1 ἄρα: so accented and postpositive is not interrogative, "consequently, so then."
   ἁπλῶς: "simply, without qualification."
2 οἰκεῖος: "appropriate, proper."
   ἀκροατής: "auditor, student."
3 οἱ λόγοι: here "lectures."
4 ἀκολουθητικός: "disposed to follow" + dative.
   ὤν: nominative masculine participle < εἰμί.

5 ἀνωφελῶς: "useless."
6 διαφέρει ... οὐδέν: See on 1094a16.
6f. τὴν ἡλικίαν ... τὸ ἦθος: accusatives of respect. On age groups, see *OCD³*, s.v. age.
7 ἔλλειψις: "defect."
9 ἀνόνητος: "unprofitable."
10 κατὰ λόγον: "according to reason."
11 πολυωφελές: neuter accusative singular, "very useful."
12 ἀποδεκτέον: verbal adjective, "one must receive"; understand ἐστί.
πεφροιμιάσθω: singular perfect middle imperative with plural subject < προοιμιάζομαι, "make a preface."

After the interlude beginning at 1094b11, Aristotle turns to the examination of the highest good achievable by (i.e., the τέλος of) ἡ πολιτική and identifies this τέλος as ἡ εὐδαιμονία. His concern then becomes, "What is ἡ εὐδαιμονία?"

14 ἀναλαβόντες: second aorist participle < ἀναλαμβάνω, "resume."
15 ὀρέγεται: "grasps at, reaches out to" + genitive object.
16 ἀκρότατον: superlative < ἄκρος.
πρακτῶν: "achievable by action, doable."
17 μὲν οὖν: "to be sure"; either affirmative or adversative (D 476-478).
18 οἱ χαρίεντες: "the refined."
19 ταὐτόν = τὸ αὐτόν = τὸ αὐτό, "identical to" + dative.
ὑπολαμβάνουσι: "suppose."
22 ἀποδιδόασιν: "hand over, render, give an account."
οἱ μέν: picked up by ἔνιοι δ' in 26.
οἷον: See on 1094b3.
24 ἕτερον: "a different thing."
25 συνειδότες ... ἑαυτοῖς ἄγνοιαν: "knowing ignorance about themselves," i.e., "conscious of their own ignorance." συνειδότες < σύνοιδα: "being conscious of" + dative.
26 ᾤοντο < οἴομαι; the imperfect signifying customary or repeated action in the past.
27 καθ' αὑτό = κατὰ αὑτό = κατὰ ἑαυτό, "by itself, in itself, *per se*."
28 τοῦ εἶναι ἀγαθά: articular infinitive, "of (the fact that) they are good"; referring back to τούτοις πᾶσιν.
μὲν οὖν: See on 1095a17.
29 ματαιότερον: comparative < μάταιος, "idle, pointless." Here the comparative is "rather" (S 1082d).
30 ἐπιπολαζούσας: present participle < ἐπιπολάζω, "be prevalent."

1095a

μὴ λανθανέτω: third person singular imperative, impersonal.
31 ἀρχῶν: "first principles."
  λόγοι: "statements, arguments."
32 ὁ Πλάτων: the famous Plato, with whom Aristotle studied. See *OCD*³, s.v. Aristotle, and, for a basic overview of the relationship between the two philosophers, W. K. C. Guthrie, *Aristotle: An Encounter = History of Greek Philosophy*, vol. 6 (Cambridge: Cambridge University Press, 1981), pp. 20-24, together with Jonathan Barnes, *The Cambridge Companion to Aristotle* (Cambridge: Cambridge University Press, 1995), pp. 1-26.
  ἠπόρει ... ἐζήτει: Note the use of the imperfect.

1095b

1 ἀθλοθετῶν < ἀθλοθέτης, "judge."
  πέρας: "turning-point."
  ἀνάπαλιν: "back again."
2 ἀρκτέον: verbal adjective, "one must begin"; understand ἐστί.
  γνωρίμων: "well-known."
  διττῶς: "twofold, two ways."
2f. τὰ μέν ... ἡμῖν τὰ δ' ἁπλῶς: "some (are known) to us, others absolutely" (i.e., "in an absolute sense, without qualification").
4 ἔθεσιν < ἔθος, τό, "habit."
  ἦχθαι: aorist passive infinitive < ἄγω, "lead, bring along, educate."
5 ἀκουσόμενον: (deponent) future participle < ἀκούω.
6 τὸ ὅτι: "the (fact) that (something is)"; in contrast to διότι.
7 προσδεήσει: impersonal construction < προσδέω, "need in addition, be in additional need of" + genitive. οὐδέν is adverbial.
  διότι = διὰ τοῦτο ὅτι: "that through this (something is)," i.e., "for what reason, wherefore."
  τοιοῦτος: i.e., the good man.
8 λάβοι: aorist optative < λαμβάνω.
  ᾧ: dative < ὅς.
  μηδέτερον: i.e., a grasp of or the ability to grasp ἀρχαί.
9 Ἡσιόδου: Aristotle quotes lines 293 and 295-297 of the *Works and Days* of Hesiod (ca. 700 B.C.), on whom see *OCD*³.
10 νοήσῃ: subjunctive < νοέω, here without ἄν in protasis of present general condition (S 2327); likewise πίθηται in 11.
11 κἀκεῖνος = καὶ ἐκεῖνος.
  πίθηται = πείθηται.
12 κε = ἄν.
13 δ(έ): duplicates δέ in the protasis (D 183-85).
  αὖτ(ε): "on the other hand."

ἀχρήιος: "useless."

Aristotle now introduces a typology of three βίοι, "ways of life": φορτικός, described in 1095b14-22; πολιτικός, described in 1095b22-1096a2; and θεωρητικός, the description of which appears in Book X.7, 1177a12-1179a20. He then connects to the φορτικὸς βίος and πολιτικὸς βίος what each takes to be the τέλος at which it aims.

14 παρεξέβημεν: aorist < παρεκβαίνω, "digress."
15 ἐκ τῶν βίων: "from their (types of) lives."
16 τὴν ἡδονήν: predicate; understand εἶναι.
17 ἀπολαυστικόν: "of enjoyment."
18 προύχοντες < προύχω, contracted form of προέχω, "stand out." Understand βίοι.
    ὅ τε: "and the (way of life)"; ὁ picks up an accute accent because it is followed by the enclitic τε.
    εἰρημένος: perfect passive participle < ἐρῶ, "say, mention."
21 τυγχάνουσι ... λόγου: a legalism, "get a hearing."
    ἐξουσίαις: "magistracies, offices."
22 ὁμοιοπαθεῖν: "be in sympathy with" + dative.
    Σαρδαναπάλλῳ: a legendary Assyrian king whose name for the Greeks was synonymous with the corrupting power of limitless wealth.
    πρακτικοί: "active, vigorous."
23 τιμήν: Understand προαιροῦσι.
24 ἐπιπολαιότερον < ἐπιπόλαιος, "superficial."
25 τιμῶσι: dative participle < τιμάω.
26 δυσαφαίρετον: "hard to take away, secure."
28 γοῦν = γε οὖν, postpositive, "at any rate."
28f. παρ' οἷς γινώσκονται: "among whom they are known."
29 ἐπ' ἀρετῇ: "on the grounds of excellence."
30 κρείττων: comparative of ἀγαθός; "better" (than τιμή).
    τάχα: "perhaps"; often, as here, with ἄν + potential optative.
31 τέλος: predicate accusative.
32 ἀτελεστέρα: comparative of ἀτελής, "imperfect, unfinished."
    δοκεῖ: impersonal, "it seems (that)."
    ἐνδέχεσθαι καί: "to accept even ..."
33 πρὸς τούτοις: "in addition to these things."

1096a

2 εἰ μή: "if not, unless."
   θέσιν < θέσις, "thesis, position."
3 ἅλις: "enough."

ἐν τοῖς ἐγκυκλίοις: "in the general discussions, circulars[?]."
Perhaps discussions, as opposed to lectures, in Aristotle's Lyceum. On
the other hand, perhaps a reference to general education outside of
Aristotle's school.

5 ἐπίσκεψιν: "investigation." Another legal term. Cf. 1095b21.
ἑπομένοις < ἕπομαι, deponent of ἕπω, "follow."
χρηματιστής: "businessman." In what immediately follows,
Aristotle holds that those who pursue wealth are actually compelled to
do so to acquire other things—e.g., food, clothing, friends, or status—,
things which themselves are not truly τέλη.

7 χρήσιμον: "(it is) useful."
8 λεχθέντα: passive participle < λέγω.
τέλη: predicate; understand εἶναι.
δι' αὐτά = διὰ αὐτά; reflexive (note rough breathing), "for
themselves."

9 ἀγαπᾶται < ἀγαπάω. Singular verb with neuter plural subject.
φαίνεται: Understand ὄντα ἀγαθά.

10 καταβέβληνται: perfect < καταβάλλω, "throw down, lay down,
establish."
μὲν οὖν: See on 1095a17.
ἀφείσθω: perfect passive imperative singular with plural subject <
ἀφίημι, "dismiss."

Aristotle's shift of concern to the universal good involves him in a critique
of the theory of Forms which ends with his dismissal of the latter at
1097a15.

11 τό ... καθόλου: Understand ἀγαθόν; καθόλου = κατὰ ὅλου,
adverb, "universally."
βέλτιον ἴσως: "(it is) perhaps better" + inf.
ἐπισκέψασθαι: aorist middle infinitive < ἐπισκοπέω, "examine";
the subject of an articular infinitive construction with βέλτιον as its
predicate.
διαπορῆσαι: aorist infinitive < διαπορέω, "go through, traverse,
question."

12 προσάντους: genitive singular < προσάντης, "uphill, steep."
13 εἴδη: Plato's famous "Forms."
15 καὶ τὰ οἰκεῖα: "even one's own things, personal possessions."
ἄλλως τε καί: literally, "both otherwise and ...", i.e.,
"especially."
16 ἀμφοῖν ... ὄντοιν φίλοιν: dual genitive absolute, here concessive.
ὅσιον: impersonal, "(it is) pious."

προτιμᾶν < προτιμάω, "prefer."
17 κομίσαντες: aorist participle < κομίζω, "entertain, provide."
18 διόπερ = διὰ ὅπερ, "precisely because of which."
18f. τῶν ἀριθμῶν ἰδέαν: For Aristotle, if each number is a Form, each must exist eternally and independently of whatever it is it numbers. However, if such were the case, the unchanging form of each number would preclude a state of "earlier" and "later," and with them the combination of numbers in order to create new numbers, e.g., 3 + 1 = 4. Likewise, if the number 4 were a Form, it could comprise parts, e.g., 3 and 1. This does not mean that Aristotle held that numbers do not exist, but rather that they exist, strictly speaking, only in an adjectival sense (e.g., one pebble + one pebble = two pebbles) and, therefore, are not Forms. See further, *Metaphysics* XIII.6, 1080a12-1080b36, and Barnes, *Cambridge Companion to Aristotle*, pp. 83-88.
19 λέγεται: "is stated, predicated."
19f. ἐν τῷ τί ἐστι καὶ ἐν τῷ ποιῷ καὶ ἐν τῷ πρός τι: literally, "in the what is it, in the what kind, and in the in relation to what." On these categories and various problematic modern translations, see R. Smith, *The Cambridge Companion to Aristotle*, pp. 55-57.
20f. τὸ δὲ καθ' αὑτό: See on 1095a27.
21 καί: "that is," a particular philosophical use.
τοῦ πρός τι: genitive dependent on πρότερον, "prior to [the category] relation."
παραφυάδι: dative < παραφυάς, "offshoot"; dependent on following ἔοικε.
22 συμβεβηκότι: "accident" (literally, "a thing having happened"), < συμβαίνω.
23 ἐπὶ τούτοις: "in reference to these things," i.e., to things good with respect to something else.
ἰσαχῶς: "in as many ways as" + dative.
24 καὶ γάρ: "for in fact."
ἐν τῷ τί = ἐν τῷ τί ἐστι. See on 1096a19.
οἷον: See on 1094b3.
25 ἐν τῷ ποσῷ: "in [the category] quantity."
27 δίαιτα: "abode."
29 κατηγορίαις: "predicates, categories."
30 κατά: "belonging to."
34 ἀπορήσειε: potential optative < ἀπορέω, "be in doubt."
35 αὐτοέκαστον: literally, "each itself"; accusative subject of λέγειν ("mean").
35f. τε ... καί: "both ... and."

αὐτοανθρώπῳ: "man himself," i.e., ἡ οὐσία (of the category "Man").

1096b
1 εἷς: See on 1094b7.
   λόγος: here with the implication of "meaning."
2 ᾖ: "in so far as."
   διοίσουσιν: future < διαφέρω, "differ."
3 ἀλλὰ μήν: "but truly."
   τῷ ἀΐδιον εἶναι: articular infinitive, "by/in being eternal."
4 μηδέ: "not even."
   τὸ πολυχρόνιον: "the long-lasting (white)."
4f. τοῦ ἐφημέρου: genitive of comparison dependent on λευκότερον.
5 οἱ Πυθαγόρειοι: followers of the 6th-century sage Pythagoras.
6 συστοιχίᾳ: "series, list of corresponding pairs." Some Pythagoreans recognized ten paired ἀρχαί, two of which Aristotle elsewhere says were ἓν πλῆθος and ἀγαθὸν κακόν (*Metaphysics* I.5, 986a22-26). On this series, see G. S. Kirk, J. E Raven, and M. Schofield, *The Presocratic Philosophers*, 2nd edn. (Cambridge: Cambridge University Press, 1983), pp. 337-339.
   τὸ ἕν: "The One," thought by some Pythagoreans to be the limited unity underlying even and odd numbers.
7 Σπεύσιππος: Plato's successor as head of the Academy. See *OCD*³.
   ἐπακολουθῆσαι: aorist active infinitive < ἐπακολουθέω, "follow" + dative.
8 ἔστω: imperative < εἰμί.
   λεχθεῖσιν: aorist passive participle < λέγω.
   ἀμφισβήτησις: "point of dispute, argument."
9 ὑποφαίνεται: "is descernable."
10 εἰρῆσθαι: perfect passive infinitive < λέγω; articular infinitive.
   λέγεσθαι: continuing the articular infinitive construction with διά.
11f. ποιητικά ... φυλακτικά ... κωλυτικά: "productive ... preventive ... preservative."
12 λέγεσθαι: "are said (to be good)."
13 τρόπον ἄλλον: "in a different sense"; adverbial accusative of manner. S 1608.
   λέγοιτ' ἄν: singular potential optative with neuter plural subject.
14 θάτερα = τὰ ἕτερα.
   χωρίσαντες: aorist participle < χωρίζω, "separate, distinguish."
15 λέγεται: The subject is τὰ καθ' αὑτὰ (ἀγαθά).
16 ποῖα: "what sorts."
   θείη: aorist optative < τίθημι, "claim, posit."

16f. ἢ ὅσα ... διώκεται: "(are they) as many as are pursued being alone/in isolation"; ἤ forms a disjunction with ἤ in 19.
18 εἰ καί: "even if."
19 τῶν ... ἀγαθῶν: partitive genitive.
θείη: Understand ταῦτα as object.
19f. ἤ ... πλήν: "or (is it) nothing other than" + genitive.
οὐδ' ἄλλο οὐδέν: the second compound negative in the same clause confirms the first. S 761.
20 μάταιον: "vain, empty," i.e., so understood, τὸ εἶδος of the good could not manifest itself in individual things, thereby rendering impossible the existence of anything else that is in itself good.
21 λόγον: here "definition, meaning."
22 δεήσει: impersonal future < δέω, "be necessary."
23 χιόνι καὶ ψιμυθίῳ: "in snow and white lead"; the latter was used as a cosmetic.
τόν: Understand λόγον.
24f. ταύτῃ ᾗ ἀγαθά: "in this way (the way) in which they (are) goods," i.e., "just as they differ as goods." For ᾗ see on 1096b2.
25 ἆρα: See on 1095a1.
κατά: See on 1096a30.
27 ἆρά γε: emphatic enclitic γε makes the question more definite, "is it actually the case that ...?"
27f. τῷ ... εἶναι ... συντελεῖν: articular infinitives. συντελεῖν < συντελέω, "contribute."
28 ἢ μᾶλλον: "or rather."
30 ἀφετέον: "one must dismiss"; verbal adjective < ἀφίημι.
τὸ νῦν: "in respect of the now," i.e., "for now."
ἐξακριβοῦν: "to be really precise, be exact," articular infinitive.
31 οἰκειότερον: comparative < οἰκεῖος, "proper to" + genitive.
32 κατηγορούμενον < κατηγορέω, "allege, state," here, "predicate."
33 χωριστόν: "separate."
34 πρακτόν: See on 1095a16.
κτητόν: "acquirable."
35 τῳ = τινι.

1097a
1 οἷον: See on 1094b3.
2 εἰσόμεθα: future < οἶδα, "know."
3 κἄν = καὶ ἐάν.
ἐπιτευξόμεθα: future < ἐπιτυγχάνω.
πιθανότητα < πιθανότης, "persuasiveness."
4 διαφωνεῖν < διαφωνέω, "disagree with" + dative.

5 ἐφιέμεναι: nominative middle participle < ἐφίημι, "aim at."
  τὸ ἐνδεές: "the deficiency."
6 αὐτοῦ: i.e., τὸ ἀγαθόν.
7 τεχνίτας: accusative subject of ἀγνοεῖν and ἐπιζητεῖν, dependent on impersonal οὐκ εὔλογον (ἐστί).
  μηδ' = μηδέ: "not even."
8 οὐκ εὔλογον: Understand ἐστί, "it is not probable"; + infinitive with accusative subject.
  ἄπορον: impersonal, "it is difficult (to say)."
  ὑφάντης: "weaver."
9 εἰδώς: perfect participle < οἶδα, with present force.
11 τεθεαμένος: perfect participle < θεάομαι.
13 τοῦδε: "of this particular man."
  καθ' ἕκαστον: "in relation to, with respect to each."
14 ἐπὶ τοσοῦτον εἰρήσθω: "let it be said to so much," i.e., "let this suffice"; εἰρήσθω is perfect passive imperative < ἐρῶ.

Aristotle here turns away from the apparent variability of τὰ ἀγαθά that are τέλη of different πράξεις and τέχναι to a consideration τὸ ἀγαθόν, i.e., εὐδαιμονία, which is the τέλος of them all.

15 ἐπανέλθωμεν: "let us return"; aorist subjunctive < ἐπανέρχομαι.
16 ἄλλο ἐν ἄλλῃ: "(some in one) another in another," i.e., "different ones in different (πράξεις and τέχναι)." S 1274.
18 ἦ: "or (is it)?" i.e., "surely it is."
  οὗ χάριν: "(that) for which"; χάριν is postpositive.
21 τὸ τέλος: Understand ἐστὶ τἀγαθόν.
23 πλείω = πλείονα, Attic neuter plural < πλείων, "more (than one)."
25 διασαφῆσαι: aorist infinitive < διασαφέω, "clarify."
26 δι' ἕτερον: "for the sake of another."
27 ὅλως: "in general."
32 αἱρετόν: "to be chosen."
  <καί>: angle brackets signify a conjectural addition.
33 ἁπλῶς δή: "quite plainly, simply."

1097b

3 μηθενός ... ἀποβαίνοντος: genitive absolute, "with nothing resulting."
  ἑλοίμεθ': aorist optative < αἱρέω.
3f. μὲν καί ... δὲ καί: corresponsive καί ... καί, "both ... and" (D 305-306).
5 ὑπολαμβάνοντες: "supposing."

1097b6-21 τὸ τέλειον ἀγαθόν *seems to be* αὔταρκες, *as is* εὐδαιμονία.

9   ζῶντι: dative singular participle < ζάω.
    μονώτην: "solitary"; modifies βίον.
11 φύσει: dative singular < φύσις.
    ληπτέος: personal verbal adjective, "must be taken, accepted."
14 εἰσαῦθις: "at another time."
    τίθεμεν: See on 1096b16.
15 αἱρετόν: predicate with ποιεῖ τὸν βίον, "makes life desirable." See on 1097a32.
    ἐνδεᾶ: accusative masculine singular < ἐνδεής, "in want of" + genitive.
18 μετά: "by aid of, by means of."
    ὑπεροχή: "excess, superiority."
19 τὸ προστιθέμενον: "the thing being added."

1097b22-1098a21 The "Function Argument." Man's distinctive ἔργον (= τὸ ἀνθρώπινον ἀγαθόν = εὐδαιμονία) is ἐνέργεια τῆς ψυχῆς [with or not without λόγος] κατ' [the most complete] ἀρετήν in a complete life. See Gerard J. Hughes, *Aristotle on Ethics* (London and New York: Routledge, 2001), pp. 36-41, and the bibliographical entries in Barnes, *Cambridge Companion to Aristotle*, p. 360.

22f. ὁμολογούμενόν τι: "somthing agreed upon," i.e., a platitude.
23 ἐναργέστερον: "more clearly," comparative adverb < ἐναργής.
    τί ἐστιν: indirect question dependent on λεχθῆναι.
24 ληφθείη: aorist optative < λαμβάνω, "grasp, apprehend."
25 ἀγαλματοποιῷ: "sculptor."
26 ὧν: "of which (people)."
27 τὸ εὖ: "the 'well (done)'."
28 εἴπερ: "if in fact."
    πότερον: introduces a double question; not translated.
29 σκυτέως: genitive singular < σκυτεύς, "shoemaker."
30 ἀργὸν πέφυκεν: "is by nature functionless." See on 1094a6.
32 παρά: here, "alongside."
34 ἀφοριστέον < ἀφορίζω, "mark off, put aside."

1098a
1   ἄρα: See on 1095a1.

θρεπτικήν ... αὐξητικήν: "nutritive ... augmentative."
ἑπομένη: "following," i.e., next in order.
3 βοΐ < βοῦς.
4 τούτου: that is, τὸ λόγον ἔχον.
τὸ μέν ... τὸ δ': "the one (part) ... the other."
ὡς: "(is understood) as ..."
5 διττῶς ... λεγομένης: just as τὸ λόγον ἔχον can be divided into two, so too the πρακτικὴ ζωή.
6 ἐνέργειαν: See on 1094a4.
θετέον: verbal adjective, "one must posit."
κυριώτερον: comparative adverb, "more validly, properly."
7 εἰ: the beginning of two protases with the apodosis delayed until line 16.
κατὰ λόγον: See on 1095a10.
8 γένει: dative < γένος, "genus, class."
9 τοῦδε ... σπουδαίου: "an individual and a good individual."
10 ἁπλῶς δή: See on 1097a33.
11 ὑπεροχῆς: here, "preeminence."
12-16 [ἀνθρώπου ... οὕτω]: though unquestioned by most other editors, bracketed by Bywater as a suspected addition to the text because of its apparent explanatory repetition of what has preceded.
13 ταύτην: Understand τίθεμεν εἶναι.
14 σπουδαίου ... ἀνδρός: Understand ἔργον.
14f. εὖ ταῦτα καὶ καλῶς: Understand πράττειν.
15 ἕκαστον: Understand ἔργον, subject of ἀποτελεῖται.
17 πλείους = πλείονες; see on 1097a23.
20 περιγεγράφθω: perfect passive imperative < περιγράφω, "circumscribe."
μὲν οὖν: See on 1095a17.
21 ταύτῃ: See on 1096b24f.

1098a21-b9 *Recapitulation of remarks on method.*

21f. ὑποτυπῶσαι ... ἀναγράψαι "sketch out ... fill in."
22 παντὸς εἶναι: literally, "to be of everyone," i.e., "possible for everyone." Likewise παντός in 25.
διαρθρῶσαι: aorist infinitive < διαρθρόω, "articulate."
25 ἐπιδόσεις: "increases, advances, improvements."
τὸ ἐλλεῖπον: "the deficiency, omission."
28 τὴν ὑποκειμένην ὕλην: See on 1094b12.
ἐπὶ τοσοῦτον ἐφ' ὅσον: See on 1094b24f.
30 τὴν ὀρθήν: "the right (angle)."

χρησίμη: "useful."
30f. ὃ μέν ... ὃ δέ = ὁ μέν ... ὁ δέ. S 1114.
31 τί ἐστιν ἢ ποῖόν τι: indirect questions dependent on an understood ἐπιζητεῖ.
θεατής: "spectator."
τἀληθοῦς = τοῦ ἀληθοῦς.
33 τὰ πάρεργα: "the incidentals."
πλείω + genitive: See on 1097a23.

1098b
1f. τὸ ὅτι: See on 1095b6.
2 δειχθῆναι < δείκνυμι, "display."
3 ἐπαγωγῇ: "induction."
4 ἐθισμῷ: "habituation."
μετιέναι < μέτειμι, "go after, pursue."
5 ᾗ: See on 1096b2.
6 διορισθῶσι: aorist passive subjunctive < διορίζω, "separate, distinguish, determine." Understand ἀρχαί as subject.
ῥοπήν: See on 1094a23.
8 συμφανῆ: neuter plural < συμφανής, "manifest, clear."
τῶν ζητουμένων: Construe with πολλά.

1098b9-1099b8 Review of popular opinions about τἀγαθόν, εὐδαιμονία, and their prerequisites.

9 συμπεράσματος < συμπέρασμα, "conclusion."
10 ἐξ ὧν ὁ λόγος: i.e., the premisses.
11 συνᾴδει < συνᾴδω, "sing with, be in accord with" + dative.
τὰ ὑπάρχοντα: "things there to start with, there from the beginning," i.e., "the facts."
12 νενεμημένων: perfect participle < νέμω, "distribute."
13 τριχῇ: "into three classes."
ἐκτὸς λεγομένων: "called external."
16 τίθεμεν: Understand εἶναι κυριωτάτας.
18 ὅτι: Understand λέγεται or λέγομεν.
19 τὸ τέλος: Understand εἶναι.
21 σχεδόν: adverb, "nearly."
22 εἴρηται: "it (happiness) has been said (to be)."
23 ὑπάρχειν: "are (present in), exist (in)."
τῷ λεχθέντι: Understand λόγῳ.
26 εὐετηρίαν: "prosperity."
συμπαραλαμβάνουσιν: "include."

28   εὔλογον: impersonal, "it is probable" + infinitive.
     διαμαρτάνειν: "to err entirely, be utterly wrong" + dative.
29   τοῖς ὅλοις = ὁλῶς, "altogether."
     κατορθοῦν < κατορθόω, "be right."
30   λέγουσι: dative participle.
     συνῳδός: "in harmony with" + dative.
32   κτήσει: dative < κτῆσις, "possession."
     χρήσει: dative < χρῆσις, "use."
     τὸ ἄριστον: object of ὑπολαμβάνειν ("assume, accept") with εἶναι understood.
33   ἕξει: dative < ἕξις, "habit, characteristic, state of mind."
     ἐνδέχεται: impersonal, "it is admitted."

1099a
1   οἷον: See on 1094b3.
1f. ἢ καὶ ἄλλως πως: "or again in some other way." ἤ "separates two ideas objectively while καί denotes that subjectively both must be kept before the mind" (D 306).
2   ἐξηργηκότι: perfect participle < ἐξαργέω, "to be very inactive."
     οὐχ οἷόν τε: "it is not possible," with μηδὲν ἀγαθὸν ἀποτελεῖν understood.
3   Ὀλυμπίασιν: "in the Olympic games."
6   ἐπήβολοι: "in possession of" + genitive.
7f. τό ... ἤδεσθαι: Understand ἐστί.
9   φιλοτοιοῦτος: "fond of such and such."
14   καί ... καί: "both ... and."
     τούτοις: i.e., οἱ φιλοκάλοι.
15   οὐδέν: adverbial.
     προσδεῖται < προσδέομαι, "be in want of, require besides" + genitive.
16   περιάπτου: "amulet."
18   οὐθείς = οὐδείς.
19   τῷ δικαιοπραγεῖν: "acting justly"; object of χαίροντα.
20   ἐλευθερίοις: "liberal," in the sense of "fit for one who is free."
21   εἶεν: third person plural optative < εἰμί.
22   ἀλλὰ μήν: "yet truly"; with εἶσι understood.
     καί: the first καί means "also"; ἀγαθαὶ καὶ καλαί forms a unit.
22f. τούτων ἕκαστον: "in each of them"; referring to the qualities.
25   διώρισται: perfect passive < διορίζω; see on 1098b6.
25f. τὸ Δηλιακὸν ἐπίγραμμα: Aristotle quotes what was probably an inscription from the temple of Leto at Delos. Slightly different

versions of the same sentiment appear elsewhere, e.g., in Aristotle's *Eudemian Ethics* I.1, 1214a5-6.
27 λῷστον: "most agreeable."
28 τὸ τυχεῖν: articular infinive, "the attainment" + genitive.
32 καθάπερ: See on 1094a10.
33 ἀχορήγητον: "without supplies, destitute, bereft." χορηγοί paid for the annual choral and dramatic competitions in Athens.

1099b
2   τητώμενοι < τητάομαι, "be in want of, lacking" + genitive.
    ῥυπαίνουσι < ῥυπαίνω, "defile, disfigure."
3   κάλλους: genitive singular < κάλλος.
4   παναίσχης: "utterly ugly."
5   τῳ = τινι, enclitic dative singular.
6   τεθνᾶσιν < θνήσκω, "die."
7   εὐημερίας: genitive, "fair weather," i.e., prosperity.
    εἰς ταὐτὸ τάττουσιν: "place *x* (accusative) in the same position with *y* (dative)," i.e., "identify *y* with *x*."

1099b9-1100a9 *Can* εὐδαιμονία *be acquired? If so, how?*

9   ἐθιστόν: "habitual, to be acquired by habit."
12   εὔλογον: See on 1098b28.
13   ὅσῳ: "inasmuch as."
14   κἂν εἰ = καὶ ἂν εἰ: "even if." S 1766b.
19   πεπηρωμένοις < πηρόω, "maim."
21   ἔχειν + adverb = "be *x*."
     εἴπερ: See on 1097b28.
     τὰ κατὰ φύσιν: subject of πέφυκεν.
21f. ὡς ... ἔχειν: "so as to be the best possible"; ὡς = ὥστε.
22   οἷον + superlative = "as *x* as possible."
24   ἐπιτρέψαι: infinitve as subject; < ἐπιτρέπω, "commit, entrust."
     πλημμελές < πλημμελής, "discordant."
25   συμφανές < συμφανής, -ές, "plain, manifest."
26   εἴρηται: Understand τὸ ζητούμενον, i.e., εὐδαιμονία.
     ποιά τις: "some sort of."
28   συνεργά < συνεργός, -όν, "collaborative, complementary."
     ὀργανικῶς: "instrumentally."
29   τοῖς ἐν ἀρχῇ: Understand λεχθεῖσιν; i.e., at the beginning of Aristotle's examination of εὐδαιμονία.
31   τοῦ ... ποιῆσαι: articular infinitive dependent on ἐπιμέλειαν.
     ποιούς τινας: "of a certain sort." Understand εἶναι.

πρακτικούς: "capable of, practitioners."

1100a
1 οἷόν τε: See on 1099a2.
4 μακαρίζονται < μακαρίζω, "pronounce happy."
6 ἐνδέχεται: impersonal, "it is admitted."
  εὐθηνοῦντα < εὐθηνέω, "prosper, thrive."
7 περιπεσεῖν: second aorist infinitive < περιπίπτω, "encounter" + dative.
  γήρως: genitive singular < γῆρας, "old age."
7f. ἐν τοῖς Τρωικοῖς: i.e., the *Iliad* and other accounts of the Trojan War.
8 χρησάμενον: aorist participle < χράομαι, "experience."

1100a10-b33 *Can a man be called happy while alive and subject to fortune?*

10 πότερον: See on 1097b28.
11 Σόλωνα: early 6th-century B.C. Athenian poet and legislator. See *OCD*³, s.v. Solon.
   χρεών: See on 1094a28.
12 θετέον: See on 1098a6.
   ἆρα: See on 1094a22, here with additional accent from enclitic γε.
   ἐπειδάν = ἐπειδή + ἄν, "whenever," introducing an indefinite temporal clause.
   ἀποθάνῃ: aorist subjunctive < ἀποθνήσκω, "die."
13 ἄλλως: "especially."
14 τὴν εὐδαιμονίαν: accusative subject of an understood εἶναι. The article usually marks the subject of an accusative + infinitve construction.
15 τεθνεῶτα: "the dead man"; perfect participle < θνήσκω.
   βούλεται: "mean."
16 ὅτι: Understand βούλεται.
   τηνικαῦτα: "at that time."
21 ὅλως: "generally."
   ἀπογόνων < ἀπόγονος, "descendant."
23 κατὰ λόγον: i.e., in a fashion consistent with the way he had lived. See on 1095a10.
   ἐνδέχεται: See above on 6.
25 κατ(ὰ) ἀξίαν: "according to merit."
26 ἀποστήμασι: dative plural < ἀπόστημα, "degree of relationship."
27 παντοδαπῶς: "in all kinds of ways."

28 ὁτέ: "(there is) when," i.e., "sometimes."
29 μηδ(έ): strengthens μηδέν, "not even."
30 τὰ τῶν ἐκγόνων: subject of συνικνεῖσθαι, "pertain to, interest."
31 ἐπανιτέον: verbal adjective, "one must return."
    ἀπορηθέν: "difficulty," aorist passive participle < ἀπορέω.
    θεωρηθείη: passive potential optative < θεωρέω, "contemplate."
34 ὅτ' = ὅτε (ὅτι never elides).
35 τὸ ὑπάρχον: "the attribute, property"; ὑπάρχον, neuter participle < ὑπάρχω.
35f. διὰ τὸ μὴ βούλεσθαι: "through (the fact of) not wishing."

1100b
2 μόνιμόν τι: "something abiding"; predicate of the articular infinitive construction διὰ τό ... τὴν εὐδαιμονίαν ὑπειληφέναι, "through the fact that happiness has been assumed to be ..." ὑπειληφέναι is perfect passive infinitive < ὑπολαμβάνω.
3 ἀνακυκλεῖσθαι < ἀνακυκλέω, "turn around again."
4 τοὺς αὐτούς: "the same (people)."
   ὡς: "that."
   συνακολουθοίημεν < συνακολουθέω, "follow."
5 ἐροῦμεν: future < ἐρῶ.
6 χαμαιλέοντα < χαμαιλέων, "chameleon."
7 σαθρῶς: "unsoundly."
9 προσδεῖται < προσδέω, "be in need of" + genitive.
10 τῆς εὐδαιμονίας: dependent on κύριαι.
12 διαπορηθέν: neuter aorist participle. See on 1096a11.
12f. περὶ οὐδέν ... οὕτως ... ὡς: "about nothing so much as."
13 βεβαιότης: "stability."
16 συνεχέστατα: superlative < συνεχῶς, "continuously."
   τοὺς μακαρίους: accusative subject of καταζῆν.
17 ἔοικεν αἰτίῳ: "it looks like the cause," i.e., "it seems to be the cause."
   τοῦ μὴ γίνεσθαι: articular infinitive with λήθην as its accusative subject; dependent on αἰτίῳ.
20 οἴσει: future < φέρω.
21 ἐμμελῶς: "suitably."
21f. τετράγωνος ἄνευ ψόγου: "four-square without blame"; a quotation from Simonides (see also Plato, *Protagoras* 339b2).
23 τὰ μὲν μικρά: constrasted with τὰ δὲ μεγάλα καὶ πολλά of 1100b25.
25 ῥοπήν: See on 1094a23.

25f. γινόμενα μὲν εὖ: contrasted with ἀνάπαλιν δὲ συμβαίνοντα in 28.
26 συνεπικοσμεῖν < συνεπικοσμέω, "add adornment, embellish."
27 χρῆσις: "use," i.e., "practice."
28 ἀνάπαλιν: "conversely."
   θλίβει: "oppress."
32 γεννάδας: nominative masculine singular, "noble."

1100b33-1101a21 *The truly good man is immune from suffering as a result of fate and fortune.*

1101a
2 ἐκ τῶν ὑπαρχόντων: "from the circumstances."
3 παρόντι: dative participle < πάρειμι, "be present."
4 χρῆσθαι < χράομαι + dative.
   δοθέντων: aorist passive participle < δίδωμι.
5 τὸν αὑτόν ... τρόπον: accusative of respect.
6 τοὺς ἄλλους τεχνίτας ἅπαντας: subject in an abbreviated infinitive construction.
7 οὐ μὴν μακάριός γε: "but even so he will not be blessed"; for the adversative force of οὐ μήν ... γε, see D 334-335.
   ἄν = ἐάν.
8 περιπέσῃ: aorist potential subjunctive < περιπίπτω, "fall around, encounter" + dative.
   ποικίλος: "many-colored, changeable."
12 ἀλλ' εἴπερ: "but if so."
12f. ἐν πολλῷ τινὶ καὶ τελείῳ: Understand χρόνῳ.
13 ἐπήβολος: adjective, "in possession of" + genitive.
15 κεχορηγημένον: "well-supplied, equipped" + dative.
16 προσθετέον: verbal adjective, "one must add."
17 ἐπειδή: "since."
18 τέλος: predicate accusative.
20 οἷς: "(those) to whom."
20f. μακαρίους δ' ἀνθρώπους: qualifies μακαρίους in 19, "blessed, that is, in human terms."
   διωρίσθω: aorist passive imperative < διορίζω. See on 1098b6.

1101a22-b9 *Does the possession of friends and descendants affect* εὐδαιμονία*?*

23 μηδοτιοῦν: "nothing whatever."

συμβάλλεσθαι: "contribute"; articular infinitive with subject τὰς τύχας.
25 τῶν συμβαινόντων: "chance events, the accidents of life."
συνικνουμένων < συνικνέομαι, "come with, pertain."
27 τύπῳ: "in outline."
29 βρῖθος: neuter accusative, "weight."
30 ἔοικεν: See on 1100b17.
31 διαφέρει ... ἤ: "it makes a difference whether ... or" + infinitive.
παθῶν < πάθος.
33 προϋπάρχειν < προϋπάρχω, "pre-exist, happen beforehand," i.e., before the play begins. Understand διαφέρει.
πράττεσθαι: here quite specific, "be acted on stage"; perhaps followed by a full stop rather than the comma of the text.
34 συλλογιστέον: verbal adjective, "one must compute, reckon."
35 τὸ διαπορεῖσθαι: "doubt."
κεκμηκότας: perfect participle < κάμνω, "work, labor"; in the perfect tense often signifying the dead.

1101b
1 διικνεῖται < διικνέομαι, "penetrate."
2 ὁτιοῦν: "anything whatsoever"; < ὁστισοῦν (= ὅστις + οὖν).
ἀφαυρόν: "weak."
5 ἀφαιρεῖσθαι + two accusatives, "take *x* from *y*."
6 μὲν οὖν: See on 1095a17.
7 τηλικαῦτα < τηλικοῦτος, "of such a quantity"; often in Aristotle joined with a form of τοιοῦτος to mean "of such a kind and degree."

1101b10-1102a4 *Is* εὐδαιμονία *praiseworthy or prized?*

10 διωρισμένων: See on 1098b6.
11 πότερα = πότερον.
12 δυνάμεων: "capacities, potentialities, faculties." Aristotle denies that εὐδαιμονία is a δύναμις because to his mind it lacks the potential to be used in good or bad ways by whomever possesses it. For the tripartite division of τὰ ἀγαθά operative here—τὰ τίμια, τὰ ἐπαινετά, and δυνάμεις, see the Aristotelian, if not actually Aristotle's, *Magna Moralia* I.2, 1183b20-30.
13 τῷ ... ἔχειν: articular infinitives, "for being what sort and being (holding) how toward something," i.e., "for its quality and its relationship to things."
16 δρομικόν: "swift (man)."

19 πρὸς ἡμᾶς ἀναφερόμενοι: "being referred to in relationship to us."
25 ὁμοίως δὲ καὶ τῶν ἀγαθῶν: genitive, picking up the case of ἀνδρῶν in the previous sentence.
27 Εὔδοξος: Best known for his writings on mathematics, astronomy, and geography, Eudoxus of Cnidos (*ca.* 390- *ca.* 340 B.C.) was a student in Plato's Academy. See *OCD*³, s.v. Eudoxus.
28 συνηγορῆσαι ... τῇ ἡδονῇ: "advocate the claims of pleasure to the prize of excellence"; συνηγορέω is a legal term.
28f. τό ... ᾤετο (< οἴομαι) ὅτι: "for he thought the fact that pleasure is not praised as being among the good indicates that ..."
31 ἀναφέρεσθαι: dependent on ᾤετο.

ὁ ... ἔπαινος: Aristotle attempts to reinforce his point—that εὐδαιμονία is not something pursued for the sake of something else but a true τέλος—through perhaps too fine a distinction between ἔπαινος, which is properly directed toward virtue (ἀρετή) as a prompt to virtuous action, and ἐγκώμια, which are properly directed toward the accomplishments (ἔργα) that have resulted from particular actions and circumstances. Since εὐδαιμονία does not prompt men toward anything else, and since ἔργα, because they are things, cannot possess εὐδαιμονία, neither ἔπαινος nor ἐγκώμια strictly applies to it. Aristotle is somewhat clearer at *Rhetoric* I.9.32-33, 1367b21-36.
32 πρακτικοί: Understand ἄνθρωποι, "men are able to effect" + genitive.
34 οἰκειότερον: "more proper to, appropriate for" + dative.

ἐξακριβοῦν: infinitive < ἐξακριβόω, "describe precisely."

1102a
2 ἀρχή: See on 1095a31.

1102a5-23 *Necessity of a consideration of* ἀρετή.

8 ὁ ... πολιτικός: "statesman."
10f. τοὺς Κρητῶν καὶ Λακεδαιμονίων νομοθέτας: in apposition to παράδειγμα. Aristotle, *Politics* V.7, 1271b20-1272b23 reflects earlier Greek beliefs in links between the laws of Crete and those of Sparta. Minos and his brother Rhadamanthys were held to be the source of many of the laws on Crete; Lycurgus was regarded as the great Spartan lawgiver. On these figures, see *OCD*³.
12 εἰ ... αὕτη: "if this inquiry is of (i.e., belongs to) the political (craft)." αὕτη < οὗτος.
13 ἐξ ἀρχῆς: "from the beginning (of our inquiry)."

14f. τἀγαθὸν ἀνθρώπινον ἐζητοῦμεν: Its position shows that ἀνθρώπινον is predicate, "the good we were seeking was human good." Likewise with τὴν εὐδαιμονίαν ἀνθρωπίνην.
20 μᾶλλον ὅσῳ: "more, in as much as ..."
21 τῆς ἰατρικῆς: Understand τέχνης; genitive of comparison.
οἱ χαρίεντες: "the accompished."

1102a23-1103a3 *Necessity of a consideration of* ψυχή.

23 τῷ πολιτικῷ: dative of agent with verbal adjective. S 1488.
24 τούτων: i.e., τὸ ἀνθρώπινον ἀγαθόν and ἡ ἀνθρωπίνη εὐδαιμονία, requisites for producing good, law-abiding citizens.
ἐφ' ὅσον: See on 1094b24f.
25 ἐπὶ πλεῖον: "further."
ἐργωδέστερον: "more laborious," comparative < ἐργώδης.
26 τῶν προκειμένων: "the matters at hand."
26f. ἐν τοῖς ἐξωτερικοῖς λόγοις: discussions involving, or works produced by, Aristotle or perhaps other members of the Lyceum but, in contrast to οἱ ἐσωτερικοὶ λόγοι, made available to those outside the school itself. On the distinction, see Barnes, *Cambridge Companion to Aristotle*, pp. 12-15. The following distinction between an ἄλογον portion of the ψυχή and a part with λόγος is not to be confused with Plato's tripartite division.
27 χρηστέον: impersonal verbal adjective, "one must use, employ" + dative.
οἷον: "like"; here followed by indirect discourse.
27f. τὸ μέν ... τὸ δέ: "one part ... another part."
28ff. πότερον ... ἤ: "whether ... or."
29 διώρισται: See on 1098b6.
29f. πᾶν τὸ μεριστόν: "every divisible thing."
30 λόγῳ: here "definition, meaning."
31 τῇ περιφερείᾳ: "the circumference" of a circle, i.e., a curve.
τὸ κυρτόν: "the convex."
τὸ κοῖλον: "the concave."
32 τὸ παρόν: "the present matter"; παρόν, neuter participle < πάρειμι.
τὸ μέν: contrasts with ἀλλή τις φύσις at 1102b13.
ἔοικε: See on 1100b17.
φυτικῷ: "vegetative."

1102b
2 ἄλλην τινά: "(assuming) some other (δύναμιν)."
3 μὲν οὖν: See on 1095a17.

5   διάδηλοι: "distinguishable."
7f. ἀργία ... ᾖ: "an inactivity (of that) by which ..."
9   πλὴν εἰ μή: "except if" (S 2966a). μή is redundant; it repeats the negative implicit in ἥκιστα (5).
    κατὰ μικρόν: "to a small (extent), a little."
    διικνοῦνται: See on 1101b1.
10 βελτίω = βελτίονα, neuter plural nominative.
    φαντάσματα: "images"; here, those dream images induced by external stimuli.
11 τυχόντων: "ordinary people"; second aorist participle < τυγχάνω.
    τὸ θρεπτικόν: See on 1098a1.
12 ἐατέον: verbal adjective, "must be let alone."
14 πῃ: "somehow."
    λόγου: here, "reasoning, rational element."
15 τῆς ψυχῆς: partitive genitive.
16 παρακαλεῖ < παρακαλέω, "summon."
17 παρά: "contrary to" (as in para-dox, παρὰ δόξαν, "contrary to expectation").
18 ἀντιτείνει: "resist" + dative.
    ἀτεχνῶς ... καθάπερ: "just as."
    παραλελυμένα: "having been paralyzed."
19 προαιρουμένων: genitive absolute; the subject is people who have paralized limbs.
20 τοὐναντίον = τὸ ἐναντίον, "contrariwise."
    ἐπὶ τῆς ψυχῆς: "in the case of the soul."
21 ὁρμαί: "impulses"; understand παραφέρονται.
23 ἧττον = ἧσσον, "none the less"; Attic neuter comparative of μικρός.
24 ἀντιβαῖνον < ἀντιβαίνω, "resist."
26 πειθαρχεῖ < πειθαρχέω, "be obedient to" + dative.
    γοῦν: See on 1095b28.
27 τό: Understand παρὰ τὸν λόγον.
    εὐηκοώτερον: comparative of εὐήκοος (< εὖ + ἀκούω), "willing to listen."
28 πάντα: adverbial.
    ὁμοφωνεῖ < ὁμοφωνέω, "sound together with, in unison with" + dative.
30 ἐπιθυμητικόν: "emotive, emotional."
    ὀρεκτικόν: "appetitive."
    μετέχει: Understand λόγου.
31 ᾖ: See on 1096b2.
32 ἔχειν λόγον: "take account of" + genitive.
34 νουθέτησις ... ἐπιτίμησις: "admonition ... criticism."

1103a
1 παράκλησις: "exhortation."
3 ἀκουστικόν: "ready to listen to," i.e., "obedient to" + genitive.

1103a3-10 *Types of* ἀρεταί, *the subject of Book II.*

5 διανοητικάς: "intellectual."
6 ἐλευθεριότητα: See on 1099a20.